上海教育出版社　江苏第二师范学院

学校管理

编委会

主　　任：王鲁沛

委　　员（按姓氏笔画排序）

王　高　王鲁沛　印亚静　回俊松　陈玉乔　邵红军

张　彬　张新平　郑春林　皇甫立同　徐伯钧　崔映飞

章跃一　蒋　波　韩益凤　褚宏启　蔡公煜　魏　洁

主　　编：皇甫立同

副 主 编：印亚静

封面题字：梁宗亨

地　　址：南京市北京西路 77 号

电　　话：025-83758200

电子邮箱：njxuexiaoguanli@126.com

第二辑

2025 No.2

图书在版编目（CIP）数据

学校管理.2025年.第二辑/江苏第二师范学院主编.— 上海：上海教育出版社，2025.5.— ISBN 978-7-5720-3510-4

Ⅰ.G47

中国国家版本馆CIP数据核字第20259R1S77号

策划编辑　刘美文
责任编辑　马丽娟
封面设计　肖禹西

学校管理2025年第二辑
江苏第二师范学院　主编

出版发行　上海教育出版社有限公司
官　　网　www.seph.com.cn
地　　址　上海市闵行区号景路159弄C座
邮　　编　201101
印　　刷　上海盛通时代印刷有限公司
开　　本　787×1092　1/16　印张5.25
字　　数　108千字
版　　次　2025年5月第1版
印　　次　2025年5月第1次印刷
书　　号　ISBN 978-7-5720-3510-4/G·3137
定　　价　15.00元

如发现质量问题，读者可向本社调换　电话：021-64373213

卷首语

学校管理的理论意义和生产力意义

真实的学校生活或多或少都会存在各种各样的问题，因此一所学校一定要有学校管理和管理团队的存在。一所高品质的学校，其中一定有高品质的学校管理的存在。

在讨论学校管理时，专家的思维和校长的思维是不同的。专家习惯以理性的思维全面考虑学校管理的完整意义，这种考虑属于理想型的"最佳管理"设计，所以常会有复句式的冗长定义；而校长的思维是实践性、可操作性的，所以常会体现校本性、渐进性的"真实管理"的理解。我认为，专家对学校管理高屋建瓴的、系统性的界定和校长对学校管理朴素的实践认识都有存在的合理性。

我有 24 年省重点中学校长的管理经历，又有 7 年多国际学校校长的历练，我对学校管理有更深刻的认识。

讨论学校管理，首先要讨论的究竟是什么？我眼中的学校管理是两个词，即"管"和"理"。所谓"管"，并不是一般意义上的规章的制定与结果的考核，而是管理者通过感官敏锐地发现学校运作中存在和可能发生的问题，及时予以预警和校正。这个过程要求管理者既要有丰富的经验和开阔的视野，也要有强烈的人性光辉，即所有的"望闻问切"绝不是出于评价与控制的目的，而是出于善意的诊断，其目的是促进发展。所谓"理"，就是针对"病症"和"病源"，及时"下汤下药"，厘清各种工作思路，理顺各种校内外关系。这个过程要求管理者有相当的智慧和能力，体现服务与引领。简而言之，校长既要为学校的每一天"诊断"，也要帮助每一个人在学习与反思中发现自己的不足，使学校工作的每一个岗位、每一个环节在这种和谐的"诊断"中发现"病灶"，并在自我反思与管理者的服务中自我痊愈。

我认为，所谓学校管理，就是要不断发现学校真实存在的各种问题，并加以梳理、分析，按轻重缓急逐渐进行机制性的改变、优化。

所谓学校管理，就是管理团队要千方百计地提升全校教职工对教师这个职业意义的理解。关于教师工作的意义，我认为，教育工作者应该铭记江苏省教育科学研究院研究员、原国家督学成尚荣先生的一句话："教师是成人世界派往儿童世界的文化使者。"倘若教师都认识、认同这样的职业意义，那么学校生活、学生成长必将充满阳光……

所谓学校管理，就是校长团队应以发展愿景为引导，建设各种各样的项目管理团队，形成全员为达成愿景而"添砖加瓦"的奋进局面。天一中学已形成了一些办学特色，若问我是如何形成的，那我一定这样说：是项目管理形成了真实的生产力……

讨论学校管理，一定要追问学校管理的价值何在。

在真实的学校管理中，大约可以看到有"中医式""法官式"两种模式存在。所谓"中医式"管理，即基于"预警""治疗"的思维，管理者以"汤药"的方式，给师生以成长性帮助；所谓"法官式"管理，是基于"惩处"的思维，以"考核"的方式，建立很多"威慑"。长久而行，学校生活一定会呈现出"灿烂"和"黯淡"两种形态。

我认为，建立更加民主、科学的运行机制，建设更加丰富的课程，激发每个教师内心的工作意义，一定是优质管理的价值所在。

讨论学校管理，还要追问学校管理是校长的个人管理还是集体式的民主管理。

我的搭档彼得·德比·克鲁克在和我讨论学校管理时说了一句颇有哲理的话："Team"里面没有"I"。我们可以看到，有的校长相信个人才华，而优秀的校长一定更相信团队的力量。

江苏省天一中学原校长 沈茂德

目　录

"发现教育"驱动科学高中建设的实践探索

◎ 周晓阳 马云秀 张东风 / 江苏省苏州工业园区星海实验高级中学

摘 要 随着全球科技竞争加剧，培养具有创新精神和实践能力的科学人才成为教育改革的重点。苏州工业园区星海实验高级中学根据自身发展的需求，依据党的二十大、二十届三中全会统筹教育、科技、人才三者协调发展的要求，以"发现教育"为基石，致力于建设一所以科学教育为支点的特色高中。学校专注于建设特色化、优质化的科学课程体系，数字化、智能化的信息支撑体系，优质化、前沿化的硬件及社会资源支撑体系，科学化、多元化的测评考核体系，培养"会理解、富创意、有教养、能负责、善领导"的创新型学生，为普通高中科学教育提供星海方案。

关键词 发现教育 科学高中 实践经验 建设目标 推进路径

"发现教育""三元六维"的理论体系与实践架构，是苏州工业园区星海实验高级中学（以下简称"星海高中"）办学24年来结合党中央对教育的要求、区域的发展需要、自身办学经验、师生具体情况积淀形成的最新经验总结和理论成果，将在较长的时期内全面具体指导学校的教育行为与教学实施。面对数智化、人工智能化的科技发展趋势，促进教育、科技、人才融合优质发展是高中学段教育义不容辞的责任。建设一所"发现教育"引领下的科学特色高中、形成具有星海特色的科学育人道路，是星海高中根据自身发展的需求，对自身的内涵特色、发展目标、路径设定做出的最为恰当的判断与选择，亦是学校赋能高质量发展的总抓手与切入点。

一、科学教育探索的实践经验

（一）内涵建设——"发现教育"驱动科学教育势能

学校经长期实践沉淀出"发现教育"理念，聚焦高品质建设，聚力"高原筑峰"实践，在区域"智慧教育"浪潮下深耕课堂教学实践，优化校本教研体系，构建"教智融合"新模式，实现师生多元发展。从学校管理、学生成长、教师发展到家校社互动多维度展现"星海表达",为科学教育实践筑牢根基,促使教育教学各环节契合学生与时代需求,让"发现"成为知识增长、素养提升的内驱力。

(二)立德树人——"和远毅行"筑牢科学教育根基

学校秉持以生为本,通过"光晖耀星辰"系列德育课程实现课程序列化,以"活动育人、生活德育"为路径构建品牌德育活动体系。通过"和远毅行"德育课程和"繁星瀚海"德育课程文化,学校将科学探索与品德教育相结合,为科学探索注入品德力量,培养适应时代的新人。

(三)星晖耀海——培养强大科学教育教学团队

学校师资结构持续优化,名师荟萃,梯队合理,全体教师德能兼备。学校"星晖耀海"好教师团队获评苏州市"四有"好教师市级重点培育团队,出版师资培训专著《二十年磨一剑——星海实验中学教师内涵提升实践》,出版"发现教育"专题论著《把星海的美好镌刻在发现教育里》。多名教师获江苏省基础教育教学成果奖一等奖;课题、论文成果丰硕,为科学教育的实施提供坚实的人才保障,以专业智慧领航学生拔节成长。

(四)发现驱动——打造以"发现教育"为特色的科学教育课程体系

学校以"发现教育"为引擎,深化国家课程二次开发,助力教师学、教、研、赛"四位一体"的专业发展,精准把握学科前沿动态,创新教学方法,强化跨学科融合。教师全力打造"发现课堂",积极

开展"基于易加平台大数据的精准教学研究""基于学生多元发展的分层教学实施研究"等项目实践研究,精准实施、分层教学,成效显著,不仅课堂与学习效率大幅提升,教师专业水平亦稳步上扬,适配科学教育的课程体系初步成型,为知识传递、思维启迪搭建课程支架。

(五)贯通培养——构建"初中—高中—高校"一体化科学教育模式

学校聚焦创新拔尖人才培育,细化目标,形成"高原筑峰"强大磁场,因材施教,挖掘潜能。初、高中"强基计划"人才培养体系无缝衔接,注重学段衔接与创新,发挥"发现教育·科创项目"和"少年科学院"的衔接效能,畅通初、高中人才培养通道;引进高校资源,建设高中、高校人才培养通道,构建"初中—高中—高校"一体化模式;发现和培养拔尖创新人才,精选学生参加竞赛辅导和强基课程,瞄准"强基计划",提升学生综合实力;向高校输送大批精英学子,以"五育"融合之姿,让科学教育贯穿成长全程,全方位赋能学生未来发展。

二、科学高中的建设目标

学校精心规划为期三年的工作计划,以将科学高中的影响力从区域联盟拓展至全国乃至全球。第一年将建立包含五所科学高中的联盟,初步形成教育共同体,实现资源共享与优势互补;第二年将深化合作,将联盟范围扩大至两所顶尖大学及八所优秀高中,推动科研与教学资源的深度融合与共享;第三年将进一步扩大影响,

构建五所顶尖大学与十所高中的紧密合作网络，实现教育资源的全面优化与高效配置，共同推动科学高中的繁荣发展。

（一）繁荣学校文化——科学高中的内涵与底蕴

全力打造集科学与人文于一体的沉浸式学习空间：科学场室涵盖 STEM 实验室、天地融合探索中心、生命科学馆、创造发明工坊、数学建模室以及人工智能体验区等，人文场室囊括"行思润志"文化长廊、"科学家精神"展览馆、"和远毅行"户外拓展基地、"红色研学"教育基地、"国际理解与空中课堂"交流平台以及"星海社团文化"课程基地等精神家园。制度文化建设将聚焦弘扬教育家精神，锻造高素质教师队伍，让师德师风焕然一新，为科学高中厚植人文底蕴根基，使校园处处散发知识魅力、人文温度，滋养师生心灵，孕育创新活力。

（二）优化课程体系——科学高中的资源与体系

严守国家课程落实底线，进一步统筹地方、校本课程，搭建"领雁"课程体系，打造服务全面发展的课程资源系统。进一步围绕核心素养推进教学改革，借主题化学习、项目式驱动重塑"发现课堂"，构建"真实问题为导向—自主尝试探索—合作发现新知—深度探究本质—系统概括整合—广泛拓展应用"环境，引导学生亲历知识探究全程，实现学习能力跃升。构建基于"发现教育"数智赋能"教—学—评"有机衔接体系，全方位关注学习过程，为科学知识习得、素养培育提供沃沃土壤，确保课程与时俱进、精准育人。

（三）提升教师队伍——科学高中的人才与根基

以"发现教育者的幸福"为原动力，加速"星晖耀海""四有"好教师团队成长，定制个性化专业发展蓝图，力促青年教师蜕变、名师涌现，实现骨干人才学科全覆盖，提升区域专业影响力。计划再培育两名特级教师与两位正高级教师，强化备课组、学科组协同能力，为科学高中树起人才标杆，以卓越师资托举学生科学梦想。

（四）营造科学环境——科学高中的运行与法则

强化研究型社团建设，搭建学生科研成长阶梯。评选展示优秀课题，举办科学研究沙龙，打磨升级学生研究成果，助力其在各级赛事中崭露头角，激发学生的科研热情，营造浓郁的学术氛围，让校园成为创新思维碰撞、实践能力锤炼的活力场，为科学高中注入灵动气息。

（五）建设研究基地——科学高中的场域与平台

通过"生命探索与健康理解""物理科创中心""化学科创中心"等项目建设，进一步探索青少年科技特长的培养和创新潜质的培育，聚力科技创新后备人才的发现识别和早期培养，协同整合高校、科研院所和科技企业等各方资源，打开校门实施科学教育。致力于培育像科学家一样思考的思维文化，培育实践创新的工程师文化，革新科学教育理念，优化课程结构，创新育人范式，落实多元评价。以项目为依托培育时代新人，激发科学兴趣，提升综合素养，推动学科创新发展，为科学高中铸就特色名片，展现教育前沿担当。

三、科学高中的推进路径

（一）含蕴"发现教育"融合魅力，赋能科学高中文化建设

学校重点建设"星海＋科学"学术文化，让科学精神融入校园的每个角落，把科学教育对少数学生进行的专门化培养转变为对全体学生进行的个性化培养。通过"星海论坛"、学术校刊《星海科学》及《星海大讲堂》，构建"星海＋科学"多元学术分享机制，促进学生"读科学""写科学""谈科学"。学校以教育家精神激发教师职业热情，引导职业规划，举办"＋科学"征文活动，增强科学教育情怀和责任意识。学校星创文化节、体育节、艺术节等融入科技元素，"星系列"科学类校本课程分层递进，成立课题组强化科学教育研究，赋能科创人才培养，彰显科学教育多元融合魅力。

（二）构建"发现教育"课程体系，夯实科学高中课程基础

学校整合校内外资源构建"领雁"课程图谱，涵盖基础、拓展、拔尖型课程。基础课程按水平分层、模块分类、综合设计构建，实现国家课程校本化实施。拓展课程含兴趣、实验探究、学科拓展，旨在提升学生的综合素养，兼顾学生的兴趣和探究能力。拔尖型课程旨在提升学生的研究素养与实践能力，分小课题、科技创新与高端项目研究三部分。探索科技校本与必修融合，聚焦思维发展、科学探究、工程实践、科技人文等主题，形成"星系列"特色校本课程。

（三）强化"发现教育"队伍建设，拔节科学高中师资成长

锚定研究型教师团队建设目标，分层培育师资，以培养有情怀、有智慧、有情趣的科学教育教师队伍为目标。"青年教师先锋成长营"助新手教师入门。成熟教师通过多级培训向名优进阶，名优教师实施"风范教师领航"示范。倡导学术文化，鼓励教师从事科学教育课题研究，推动教研工作学术化，强化团队协作。全球揽才，邀请知名学者、科技企业领袖及杰出教育管理者加盟，力邀在学术界享有盛誉、具备深厚学术造诣与丰富管理经验的专家担任科学副校长。他们以国际化的视野引领学校发展，为科学高中注入前沿的科研理念与管理智慧，推动学校不断迈向新的高度。加强校外师资与本校师资整合，化"单向嵌入"为"和谐共生"，凭卓越师资赋能学生科学素养腾飞。另外，学校珍视社团育人价值，精培研究型社团，依托校内外科学教育师资，加强对学生科技社团和兴趣小组的专业指导，保障社团课程入课表，借"星创科技节"及多元实践活动，让科技社团成为学生逐梦科学的启航港。

为提升科学教育质效，学校将创立科学教育研究中心，创新科学教育组织化管理模式，由科学副校长统筹，科学教师担责，科学顾问指导，英才导师协同，科学教育管理中心推进，优化"导师制""书院制"，融入科学教育，全方位架构领导管理与专业指导体系，让科学教育扎根校园，与人才培养协同共进，优化普通高中科学教育管理。

（四）遵循大脑神经活动功能，创建大脑友好型学习情境

学校深知脑科学对教育的关键意义，以"关注脑""滋养脑""发展脑"为指引，探索家校教养，调节教学环境、高阶思维训练机制，致力于打造大脑友好型学校，让教育契合脑发展规律，开启科学教育与脑科学融合新征程，为学习增效，为成长赋能。

（五）搭建校内外协同实践平台，共筑科学高中理想样态

高中科学教育理想样态是秉持科学教育学校主阵地、社会大课堂理念，打破教育边界，引入外部资源，革新教育模式。学校与中国科学技术大学等多所高校，以及与人工智能、新能源、生物医药、材料科学等相关的几十所科技企业和重点实验室合作，共建共享课程、平台，实现校内外教育协同联动。定期开展多样化的科技夏（冬）令营活动，因地制宜提供能培养未来科学家、未来工程师所需的课程体系，以及融体验性、实践性和研究性为一体的学习场域，逐步完善"基础知识培养—专业思维培养—科研实践培养"的系统化人才培养体系，实现学生能力的三次进阶。

为点燃学生创新火花，学校精心打造"科创中心"与"探究中心"及配套课程，促进学生学以致用，以实践引导学习；鼓励学生自主实践、团队协作、测试优化及成果展示，积极探索利用人工智能、虚拟现实等新技术开展实验教学，利用数据分析技术提升教学评价的精准化水平。此外，开设网页设计、APP 开发、3D 打印、飞行器设计、机械设计、创新与发明等跨学科课程并融入 STEAM 教育理念，提升创新思维与操作能力。

定期举办"院士课堂""职场精英大讲坛"等，组建"科创联盟"，邀请院士、高校教师和科研专业人员进校开设特色课程，发挥科普、思政、生涯引导多重价值，为高中生打开科学前沿与人生规划之窗，以共育合力拓宽科学人才成长天地，助推科学高中迈向理想彼岸。

学校在科学特色教育领域经过系统性探索，已积攒了一定经验，取得了一定成绩，下一阶段将深度对接《中国教育现代化 2035》的战略部署，聚焦高品质特色高中建设标准，实施"四维联动"提升工程（办学定位与特色品牌双升级，内涵建设与教育品质双优化），让科学教育成为发现与创造的艺术。

【作者简介】周晓阳，男，江苏省苏州工业园区星海实验高级中学党委书记，正高级教师；马云秀，女，江苏省苏州工业园区星海实验高级中学副校长，正高级教师；张东风，男，江苏省苏州工业园区星海实验高级中学教师，高级教师。

参考文献

［1］ 姚晓岚，范永泉. 办科学高中，育时代新人——深圳科学高中特色学校创建的思考与实践［J］. 中国教师，2019（3）：90—95.

（通讯作者：张东风；责任编辑：印亚静）

"发现教育"视域下教育家精神引领的校园文化建构研究

◎ 范红梅　陈小军　张一哲　唐忠才 / 江苏省苏州工业园区星海实验高级中学

摘　要　以教育家精神为价值内核，以"发现教育"为载体，聚焦教育家精神与"发现教育"融合的校园文化构建，通过解析"发现教育"的创新性、教育家精神的时代性以及校园文化的生成性三者之间的逻辑关联，建构实施路径，探索方法研究，为新时代校园文化建设提供新思路和新范式。

关键词　发现教育　教育家精神　校园文化

成尚荣先生在《第一动力·第一品质·第一专业》中指出，敲碎蛋壳鸡蛋成美食，内部突破则孵新生命。受其启发，我们认为"发现教育"为教育家精神提供实践场域，教育家精神为"发现教育"锚定价值坐标，二者共同指向"人的全面发展"这一教育元命题，进一步深化新时代校园文化建设内涵。

一、理论价值："发现教育"与教育家精神的契合引领校园文化建设

（一）教育家精神：校园文化建设根本遵循

习近平总书记从理想信念、道德情操、育人智慧、躬耕态度、仁爱之心、弘道追求六个方面全面阐述了中国特有的教育家精神的丰富内涵，他对教育家精神要素的高度提炼，为构建独具特色的校园文化提供根本遵循。在新时代教育改革背景下，学校的校园文化建设也需要回归教育本质，以教育家精神为价值内核，以铸魂育人为先导，培养社会主义建设者和接班人。

大力弘扬教育家精神，培养学校教育家团队，是构建学校特色文化的切入点与动力源。一支师德高尚、业务精湛、梯次合理、富有创新精神的高素质教师队伍，不仅是校园文化建设的核心力量，还是特色校园文化的外在表现和突出特点，更是校园文化建设的核心目标和最终追求。

（二）"发现教育"：校园文化建设实现路径

"发现教育"是教育者在探索教育改革的过程中，基于发现的基本原理、教育的发展规律及学生的身心发展规律，以"发

现—唤醒—发展—成全—成功"为教育价值取向，以培养创新人才为目标的育人活动，是教育改革的双引擎，是新质生产力与教育家精神共生的动力源泉。教育者须依据教育规律和学生身心发展特点，引导学生自主探索知识，培养创新思维，其意向创新体现在丰富理念体系、激发学生内驱力、提升教智融合精准度等方面，为新时代校园文化建设提供新思路和新范式。

（三）校园文化建设：教育家精神有机熔铸于"发现教育"

依据党的二十大、二十届三中全会关于统筹教育、科技、人才协同发展的要求，学校聚焦"发现教育"与教育家精神融合的特色文化构建，锻造高素质教师队伍；以教育家型团队为核心力量，围绕学校的文化特色和培养目标，立足校本，突破传统的课程格局，发现和丰富学校的课程文化。其中"发现教育"是教育家精神在教育实践中的具体体现和落实载体，教育家精神则为"发现教育"提供了思想源泉和精神支撑，二者相辅相成，共同打造数据驱动下的数智校园文化，促使学校教学和管理模式的变革。

二、问题导向：以"发现教育"、教育家精神视角剖析校园文化建设

（一）现状剖析

"发现教育"理念的深化落实决定校园文化建设，虽然在课程融入和教学方法革新方面取得一定成效，但在文化的渗透和融合方面较为生硬，校园文化在物质、制度、精神层面与"发现教育"和教育家精神落地融合存在适配度错位。在教育家精神弘扬方面，学校开展了榜样树立、精神传承等活动，师生有一定认同感，但在具体的物化载体及主动作为等方面仍有欠缺。

（二）问题归因

上述问题的根源在于教育理念转化不足，未能有效将先进理念融入日常教学、管理、德育等工作中。此外，师资队伍素养有待提升，部分教师对新教育理念和教育家精神理解肤浅，绩效考核机制不够完善，在激励教师推动教育改革创新方面存在一定缺陷，社会环境对教育的功利化需求影响校园文化建设进程。

三、建构逻辑：借"发现教育"与教育家精神之力精心雕琢校园文化

（一）意义塑构：创设"发现教育"生态圈

落笔于教育家精神培养的"教育家计划"，旨在实现立德树人根本任务，通过"理论、实践、载体"三大创新达成"发现教育"统领学校的文化建设，对"发现教育"进行理论化再造、系统化建构、品牌化推广，理念先行、顶层设计、目标导向、文化扎根，让"发现教育"的理念内化于心、外化于行，促进广大师生的文化认同、文化自信和文化自觉，全方位细化优化学校文化特色建设路径。通过教育生态变革，践行学校教师使命，引领学校发展，激发办学活力，构建特色学校文化体系，将"发现教育"打造成为学校"全家福"的文化标志与内涵特征。

（二）情怀熏染：形塑师生共同价值追求

正如陶行知先生发现传统教育的弊端，提出"教学做合一"的生活教育理论一样，教育家精神是"发现教育"得以深化实践的校园文化内核，拥有此精神的教育者凭借对教育的热情、责任感、探究精神，挖掘教育新问题，探索解决巧策略。以教育家精神为引领实施"大先生"培育行动，组织定期培训、专题研讨等活动，帮助师生深入理解"发现教育"与教育家精神融合的深刻内涵，形成共同的价值追求，并将此价值追求融入校园文化建设的各个环节，从校园景观、教学设施、规章制度、管理模式、师生校园活动等方面，塑造师生共同的价值追求。

（三）实践体系：建立教育家精神导向的实践体系

"发现教育"是教育家精神的外在实践载体，教育家精神是校园文化建构的灵魂，三者共契实质是教育本质的回归与创新。从教育家精神视角，通过观察研究"发现教育"要素，推动校园文化建设与革新，三者之间相互促进，呈契合融通关系：在"发现教育"的进程中，凭借探索未知的勇气、创新求变的思维以及人文关怀的温度，不仅实现教育家精神风范的成果滋养，更让这种精神在校园文化建设中得以充分彰显；教育家精神所蕴含的教育热情、敏锐洞悉力与深厚职业责任，如同强劲引擎，为"发现教育"注入新质生产力，在明确方向的同时又激发源源不断的校园文化活力。

四、建构路径："发现教育"、教育家精神引导教学、教师、文化协同创新

（一）教学创新：打造"发现教育"课程群

学校融入教育家精神的课程理念，优化课程设置与教学内容，创新教学方法与手段，提升教学实践环节。

发现式校本课程：校本课程中融入科学家、教育家的励志故事，激发学生的探索欲望。基于高阶思维培养的高中科学课程教学，引导学生从关注知识点学习转向关注思维能力的提升。设计具有启发性的课程问题，深入推进学生微课题研究，让学生在实践中培养发现问题、解决问题的能力。

学科渗透：各学科深入挖掘学科史、方法论中蕴含的"发现教育"元素与教育家智慧，实现校园文化与学科教学融合。如数学学科"高中生数学建模能力的培养与评价研究"，在引导学生学习数学思想的同时，激发学生探索的精神；物理学科"验证性实验在中学物理教学中的适用性研究"，引导学生感知"一核五维六系列"课程体系中的物理科学精神。

项目驱动："大数据＋发现教育"、高校紧密合作国家级信息化教学实验区、5G支撑下混合教学课程基地建设、市中小学课程基地与文化建设项目等，推动教育数字化、智能化发展，促使校园科技文化实现新突破。开展"以教育家为榜样，大力弘扬教育家精神"系列主题活动，从理想信念、道德情操等六个方面剖析教育家精

神，鼓励教师讲述自身教育故事。计划在年度内，借助教育家精神的引领，稳步提升优秀骨干和青年教师的综合能力，并出版一两本教育专著。

教学指向：从师生两个维度深化"发现教育"的课堂教学研究，全面革新教与学的组织实施形式。教师积极探索创新教学方法，拓展学生科学实践研究的路径与场域；学生主动参与课堂互动和项目式学习，相互作用，实现课堂的高效实施生成，建设课堂文化。

（二）教师转型：培育教育家型教师团队

"发现教育"不仅是知识和规律的洞悉和探寻，更是灵魂的唤醒与塑造，向教育家型教师转型，不仅是个人职业生涯的追求，更是时代赋予教师的使命和内驱力。

专业成长：组织教师深入学习教育家的成长历程，如孔子、苏霍姆林斯基、于漪等的教育实践，反思自身教学实践，总结经验教训，提升在"发现教育"方面的实践能力；重视教育科研，全面厘清教师专业发展层次，全模块优化教师专业发展路径，形成"定制式"教师专业梯队发展方案，发现青年教师的成长路径和发展突破点；加强数字化支撑，实施"一科一基地、一生一特长"行动，建设"科创中心""探究中心"，打造学生学习"资源库"和教师授课"工具箱"。

师德铸魂：立足"发现教育"，聚焦"发现教育"与教育家精神的融合来构建教师文化，锻造高素质教师队伍；通过学习教育家精神内涵，启智润心、因材施教，

探索中国式育人新路径；通过优化教师专业发展路径，发现和培育优师，提升区市级骨干教师、"姑苏教育人才"等名师评选的成功率，实现名师荟萃、梯队合理和教育人才学科全覆盖；通过名师工作坊、骨干教师共同体等活动，提升教师在省、市、区内的专业知名度和影响力。

（三）文化浸润：形成特色文化符号系统

深耕以发现为本、教育家精神为魂的校园文化，需要全体教师心怀教育家型的理想、坚定教育家精神信念并持之以恒地努力下去，不断探索创造滋养人文情怀的育人环境，优化硬件载体布局，优化课程体系，细化人才培养路径，深化教师发展举措，打造"发现教育"课程，提升文化引领力，开辟校园文化新局面。

心有大我：校园景观设计融入"发现教育"元素，设立"探索之路"景观带，展示学生发现成果；在教学楼、图书馆等场馆布置教育家名言，营造文化氛围；为学生在数学、科学、工程等领域提供学习环境，鼓励培养学生创新精神。

行为世范：以师生双维"发现教育"为基础，形成数据驱动下具有鲜明信息化特征和核心素养养成的高质量教育发展新模式，秉承教育家精神，通过讲好"身边教育故事"，举办"身边的好老师"演讲比赛，开设"星"闻周报，促进"星晖耀海""四有"好教师队伍建设。

润心启智：开展"发现好书，三方共读"、发现好课等活动，并通过微信公众号及时发布活动成果，形成视频库和案例集。

推出数据驱动下"一图、一册、一课、一院"的"四个一"创新行动，打造"以学习者为中心"的"1+1+X"学习模型。

探索先行：从"发现教育"出发，与高校合作开展生命健康课程、拔尖人才培养工程，共建数字化实验室等，建立"数据驱动"与"高质量发展""学生自我发展"之间的逻辑联系。

创新活动：举办"发现教育"系列活动，开展以"心向阳"为主题的心理节活动；举办"教育大家谈"活动，邀请院士专家与师生交流；举办师生科技、艺术创新成果展，展示师生在课题研究、发明创造等方面的成果。

载体建设：建设科学与人文兼容的校园文化场馆，建设濡染科学场室（STEM、天地融合、生命科学、人工智能等）与浸润人文场室（"行思润志""教育家精神""星海·星成长"等）。在科学场室配备先进实验设备，为学生提供探索科学的硬件条件；在人文场室展示教育家事迹、图文视频等，为学生提供全面发展的空间，营造浓厚的人文氛围。

以"发现教育"为载体、教育家精神为灵魂的校园文化建构，通过重构教育空间、革新育人模式、重塑价值信仰，融入每一位教育家型教师的具体教育行为、育人行动之中，也沉浸于每次课程改革的深入尝试中，达成让校园的每个角落都能成为启迪智慧、滋养精神的"发现教育"的生态场域。

【作者简介】范红梅，女，江苏省苏州工业园区星海实验高级中学副校长，高级教师；陈小军，男，江苏省苏州工业园区星海实验高级中学教师，正高级教师；张一哲，男，江苏省苏州工业园区星海实验高级中学教师，一级教师；唐忠才，男，江苏省苏州工业园区星海实验高级中学教师，一级教师。

参考文献

[1] 成尚荣.第一动力·第一品质·第一专业[J].人民教育，2015（3）：22—24.

[2] 许振明.陶行知生活教育理论闪耀着和谐教育思想的光辉——浅谈对生活教育理论的新认识[J].生活教育，2008（7）：33—35.

[3] 韩彦，李双龙.习近平关于教育家精神论述的理论来源、逻辑内涵及实践路径[J].教育探索，2025（2）：6—11.

（通讯作者：张东风；责任编辑：印亚静）

"中学生英才计划"："发现教育"理念指导下的创新实践

◎ 金　烨　宋建州　徐继宽 / 江苏省苏州工业园区星海实验高级中学

摘　要　在教育改革不断深化的背景下，如何培养具有创新精神和实践能力的高素质人才成为教育界关注的焦点。苏州工业园区星海实验高级中学以"发现教育"为导引，围绕建立进阶制、导师制、共长制、贯通制四大目标，从项目、机制、载体三个切入点，系统推进中学生英才计划，在硬件资源、德育、学科、校本课程体系等方面取得创新型实践成果。

关键词　发现教育　中学生英才计划　创新实践

科技创新人才培养作为实现民族振兴、赢得国际竞争主动的关键因素，在百年未有之大变局的背景下显得愈发重要。"发现教育""三元六维"理论体系，是星海高中办学 20 余年来结合中共中央、国务院对教育的要求以及区域社会特征、自身办学经验、师生具体情况积淀形成的最新理论成果。在价值取向方面，致力于发现人、唤醒人、发展人，以"发展观"重构教育教学行为；在育人路径方面，倡导尊重、发现、成全学生，以"发现观"尊重学生、尊重生命；在发展方向方面，强调自我发现、自我赋能、创造成就，以"创造观"赋能学生素养提升。

习近平总书记在第二十届中央政治局第三次集体学习时强调，要坚持走基础研究人才自主培养之路，源源不断地造就规模宏大的基础研究后备力量。星海高中以深入实施"发现教育"、打造高品质特色科学高中为核心载体与切入点，紧紧围绕"全方位谋划基础学科人才培养"这一关键目标，深度推进"中学生英才计划""强基计划""基础学科拔尖学生培养计划"以及"卓越计划"。在此过程中，学校进一步升华时代英才培养理念，持续优化基础学科教育体系，有力促进了普通高中与高校之间的协同合作与衔接创新，在多元拔尖后备人才特质研究及系统培育方面开展了创新性与突破性的实践探索，为教育改革与人才培养贡献力量与智慧。

一、"中学生英才计划"创新实践的目标方向

（一）意识强化——进阶制，赓续薪火，挖掘科学潜质

用"发现"这一核心主张黏合"教与学"，以"尊重—发现—成功"作为育人的三步进阶路径，明确"发现教育"对深化教育教学改革、促进英才成长的能动作用，将课程建设与场域建设作为打开新时代教育教学改革新局面的引擎，引导教师团队树立以"发现教育"为主线精准施教的意识、优秀学生规划自我发展的意识，努力打造好"以学习者为中心"的"1+1+X"学习模型，成就幸福人生。

（二）整体建构——导师制，学思蕴乐，体悟科研特征

研发英才课程，实施精准辅导，凝练形成"精准辅导'放大镜'——个性化数据分析""精准辅导'不离线'——一对一'空中课堂'""精准辅导'零距离'——'小方桌故事'"三大策略；英才场域文化建设项目，致力于与众多高校协作建设生命健康课程、拔尖人才培养工程，还有数字化实验室、未来教室、网络新空间、液晶触屏互动区、绿色科技产品展示区、科创空间 STEM 展区等一体化建设。

（三）能力培养——共长制，深度学习，激发发现品质

教师层面，提升教师参与教学改革的能力、信息技术与教学融合运用的能力、精准指导英才的能力等；学生层面，学习基础研究、前沿研究等科技领域涌现的先进典型和事迹，引导学生树立自主学习自主赋能的意识，习智共长，提升自己适应社会发展的意识和深入探究科学的能力等。

（四）范式重塑——贯通制，两中两高，赋能终身发展

构建有利于学生全面发展与个性特长相得益彰的初中、高中、高校联动创新人才培养模式，基于国家课程设计标准打造校内与校外联动、覆盖初、高中学段的科创课程体系。激活社会资源，完善校（高中）企（及研究机构）、校（高中）校（高校）合作的新模式，真正将社会、高校优质科技人才、研发创新资源转化为本校优质教育资源，拓宽学生的视野，激发学生养成学中思、思中悟、悟中行的科研品质。

二、"中学生英才计划"创新实践的推进策略

（一）以项目推进为基础

学校统筹谋划科学高中整体布局，多点发力，用项目建设引领"中学生英才计划"创新实践。学校被园区教育局表彰为数据驱动高质量发展的"发现教育"实践与研究项目优秀级。《发现育人：办人人成功的高质量创新教育的实践探索》参加苏州市教学成果奖评选，获得市二等奖。内涵建设项目"繁星瀚海：时代新人'和远·毅行'的在场体悟行动"获评苏州市品格提升工程优秀项目。"发现教育理念下中学生英才计划的创新实践"课程基地完成苏州市教育局视导汇报工作，《基于"发现教育"的数智赋能教学评实践》完成申报，《人人成功：数据驱动发现教育的实践探索》获苏州市教学成果奖二等奖。

（二）以机制建设为导引

实施"中学生英才计划"，聚焦三大方面机制建构重点突破。教师成长机制：以教育家精神为指引，努力形成"在星海一起努力成为教育家"的氛围，全面提升"星晖耀海"教师团队水平。课程发展机制：立足于课程体系建设，深化国家课程实施，打造特色化科学学科校本课程，推进学生微课题研究，形成以学生需求为支点的课程体系。学生成长机制：创新"五育"融合的机制与载体，拓宽学生科学实践研究的视野、路径与领域，培养"会理解、富创意、有教养、能负责、善领导"的创新型学生。

（三）以载体拓展为保证

大力建设"科技校园"，培养"科技英才"，设计并开发科学探究实验室，与国内知名高校、科研机构等共建实验基地，实现科教资源贯通式布局和科技人才贯通式培养机制；建立"大社会"协同机制，引进科研院所、高新企业顶尖人才作为学生兼职导师，实施"一科一基地、一生一特长"行动，形成家校社一体化科学教育机制；加强数字化支撑，打造学生学习"资源库"和教师授课"工具箱"，创新教学方式，通过数字模型、3D打印、远程实验等方式拓展师生学习半径。

三、"中学生英才计划"创新实践的达成路径

（一）硬件资源营建——统筹兼顾，升级改造

1. 项目型资源

有序推进基于"发现教育"的科学与人文兼容的校园文化建设，完成用于"开展发现教育理念下中学生英才计划创新实践"项目的校内科学素养场室建设（学术沙龙厅、STEM教育、天地融合、生命科学、创造发明、力学光学、有机化学、数学建模、人工智能、5G支撑下混合教学课程基地）与科学精神长廊建设（"行思润志""科学精神""和远毅行""红色研学""星海·星成长""国际理解与空中课堂""星海社团文化"）。

2. 提升型资源

根据英才学生对科技领域的兴趣取向，联建挂牌与星海未来科学家培养"薪火计划"相衔接的具有高新技术产业特色的校外科研实验基地、高校导师引领的高新技术项目实验基地、新兴交叉学科研发项目实验基地，以及区域产业重点研究所建设的高端科技场域的实验研究基地，通过引入校外基地建设与资源，来激发学生养成学中思、思中悟、悟中行的科研品质。

（二）课程体系建设——架构图谱，统筹全面

1. 德育课程建设

（1）家国情怀：时代新人在场体悟树人行动。培养英才学子深怀爱党爱国之心、砥砺报国之志。积极探索具有星海特色的"浸染家国情怀，开阔科创视野"德育实践课程、"为党育人、为国育才"德育实践课程，提炼确立以"和远毅行"为主线的全方位德育育人体系。

（2）生涯规划：中学生行思润志优化及提升。采取全程理想信念教育和链条式个性化生涯规划相结合的模式，全面优化家长导师精英大讲堂，做强学长、家长、

企业家、高校专家等各系列生涯规划导师课程；精心组织生涯规划教育，将生涯规划教育全程化、课程化、实践化、特色化，将课程向纵深推进，落实、做细课程研究，做好、扮靓生涯规划课程特色。

2. 学科课程建设

（1）全科"发现教育"："高原筑峰"，一生一案，因材施教。一是打造重点班级，高一年级重点打造生科班、领军班，高二年级重点打造生科班、博雅班，高三年级重点打造领军班、博雅班，让优秀学生形成集聚效应，形成年级"头雁"效应，引领全体学生发展。二是邀请省区市教研员来校指导：走近教师，帮助分析新高考动态；走近学生，帮助分析高分形成的路径；走进课堂，指导学科教学如何在一线促进素养落地生成；走近新高考，指导研究考试的命题思路、方向、重点，为高三年级的复习备考和教育教学质量提升提供助力。三是认真组织各年级阶段学情调研，以三色表精准分析，细化、优化课堂教学，研究如何调整课堂教学内容、调控课堂教学节奏，促进课堂教学高效有效。四是为学生量身定制个性化作业和辅导"菜单"，根据学生考试成绩的"三色图"分析，做好"一生一案"。五是开好小微精型、定向质量分析会，对重点班级、筑峰或高原重点学生进行针对性研究分析，全力托举高峰涌现。

（2）数学"发现教育"：高中生数学建模能力的养成。将建模知识融入高中数学教学之中，通过长期的建模训练帮助学生养成良好的习惯，让学生形成良好的建模意识。"高中生数学建模能力的培养与评价研究"系江苏省教育科学"十三五"规划课题。

（3）物理"发现教育"：高中物理高阶思维教学的优化。以概念课、规律课、实验课、习题课等不同课型作为研究对象，并对这些课的情境创设、问题与实验"双轮驱动"的教学设计、学生活动组织等方面进行观察、思考、总结，探索高阶思维能力培养的教学策略，提升学生的高阶思维能力。该高阶思维物理教学优化研究系江苏省中小学教学研究第十二期课题成果。

（4）化学"发现教育"：高中化学教材实验教学的优化。结合苏教版和人教版教材的实验内容，拓展和丰富教材化学实验的内涵，探讨高中教材化学实验探究和创新策略，使化学实验生活化、趣味化、探究化、微型化、绿色化，并将化学实验与现代多媒体技术整合，充分发挥化学实验的教育功能，激发英才学生学习的兴趣。

（5）生物"发现教育"：建物致知生命探索与健康理解。基于"建物致知"的理念，遵循学生成长规律，设计开发基础型、探索型、应用型和拔尖型四个模块课程，从感知生命科学的奥秘到揭示生命科学的本质，再发展为构建模型、创造体系、理解生命。

3. 特色课程建设

（1）天地融合课。立足"天地融合"教育实践，创设线上、线下融合的学校和区域天地教育课程序列；建设远程天文台、远程天文教室、仿真地理教室，开展火星探测、载人登月、太阳活动研究、流星雨观测、超新星观测等专题探究活动；定期举行"家园·星空"论坛、"天地融合"百家讲坛、天文观测亲子培训、天地知识竞赛、天文摄影比赛等，营造真实合适的学习情境，培养学生的核心素养和关键能力。"瀚海星辰：时代新人'天地融合'的教育实践"获评 2020 年江苏省中小学课程基地与学校文化建设项目。

（2）"STEM+"课程。筹划建设"STEM+"研究性学习的网络支持平台，优化"STEM+"实践活动专题网站，设计开发基于网络环境下的学习支持平台。建成数学实验室，物理、化学、生物奥赛中心人机互动软件实验平台，激发学生主动学习、互动学习、合作学习的内生动力。经苏州市教育局考核，"STEM+"课程被评为优秀课程。

（3）艺术课程。学校层面，持续举办并创新升级"校园科技艺术周"，开展艺术展演活动，强化沉浸式的艺术体验，扩大学校艺术特色实践教育的辐射面。社团层面，创建众多艺术社团，通过丰富多样的艺术社团活动，丰富学校生活的开放式发展空间。学生科研层面，推动学生艺术类微课题研究，"中学生英语水平提高幅度与英文歌曲听唱之间的关系调查""探讨中西方流行音乐的差异""中西方电影的现状和差异"等课题促进学生艺术素养不断提升。课程层面，将学科艺术教育与学生升学发展结合，助力学生提升学业成绩。

（4）混合式学习课程。依托园区易加平台，学习 Python 核心编程、全栈开发、网络爬虫、人工智能等方面知识，引导学生观摩学习机器人控制、群体智能与自主系统、无人驾驶技术与系统实现、仿真机器人演示、机器人视觉与自然语言、医学图像处理与分析等技术。

（5）融合式学习课程。注重国际理解教育，努力构筑国际基础研究合作平台，选取共同关注的科学课题，实施深化中外联合科研研讨活动，如"创造中的共享未来——对文化遗产与未来生活的畅想""城市的保护与建设、继承与创新"，开展线上"空中课堂·科技创新展未来"主题对话活动，互动分享手工制作、发明创造、探访园林、社会实践、科普宣传、世界遗产等研究性学习实践活动。

【作者简介】金烨，男，江苏省苏州工业园区星海实验高级中学校长，高级教师；宋建州，男，江苏省苏州工业园区星海实验高级中学教师，一级教师；徐继宽，男，江苏省苏州工业园区星海实验高级中学教师，正高级教师。

参考文献

［1］郭丛斌，曹连喆.“中学生英才计划”的推进历程与优化建议［J］.中国基础教育，2024（6）：47—50.

［2］张红霞，李明哲.我国基础教育阶段创新人才培养政策的演进、特征与展望——基于 1985—2023 年政策文本的分析［J］.教育科学研究，2024（5）：5—13.

（通讯作者：张东风；责任编辑：印亚静）

基于"发现教育"的"数字赋能教学评"的实践研究

◎ 马云秀　黄志诚　王淦昌 / 江苏省苏州工业园区星海实验高级中学

摘　要　本文以"发现教育"理念为引领,探讨数字技术在教学评价中的应用与实践。通过构建数据驱动的教学模式,优化教学评价体系,推动教师专业发展与学生核心素养提升,旨在打造个性化、高质量的教育生态,为新时代教育评价改革提供实践参考。

关键词　发现教育　数字赋能　教学评价　实践研究　教育数字化转型

在数字化浪潮的推动下,教育领域正经历着前所未有的变革。传统的教学评价方式往往以结果为导向,难以全面反映学生的学习过程与能力发展,亟待借助数字技术的力量,实现从传统教学模式向现代化、智能化教学模式的转型。苏州工业园区星海实验高级中学秉持"让教育成为发现与创造的艺术"的教育理念,基于此,本文聚焦"发现教育"理念下的数字赋能教学评实践研究,旨在通过创新教学方式、优化评价体系,促进学生全面发展与教师专业成长,推动教育教学质量的全面提升。

一、"发现教育"的内涵及其与"数字赋能教学评"的契合点

基于"发现教育"的"数字赋能教学评"创新实践,依托数据平台,变革教与学的方式,旨在实现教师"尊重—发现—成就"的职业发展路径,促进学生"自我发现—自我赋能—自我成功"的成长轨迹,最终让每一位师生"人人成功、人人成星",践行"让教育成为发现与创造的艺术"的核心理念。

(一)"发现教育"的内涵

"发现教育"是指教育者基于发现的基本原理,遵循学生成长规律,通过改进教育教学模式,激发学生共性与个性的潜能,促进其全面发展的育人活动。在具体实践中,"发现教育"以"发现人、唤醒人、发展人"为价值取向,结合"教智融合"背景,致力于培养"爱党爱国、阳光自信、身心健康、学业精进、智慧优雅"的星海学子。其核心在于通过观察、研究、实践和探索,帮助学生发现自身潜能,实现自我成长。

（二）"数字赋能教学评"的内涵

"数字赋能"是指通过获取、整合和分析学习过程中的多模态数据，捕捉学情动态，揭示数据间的内在关系，从而发现教育中的优势与不足，辅助提升教学有效性和促进师生共同成长的手段。"数智赋能教学评"是以数字智能技术为核心驱动力，将学习过程和结果以可视化形式呈现，重构教学、学习和评价全流程的现代教育范式。其本质是通过大数据、人工智能、云计算等技术，实现教育场景的精准化、个性化和动态化，推动教育从"经验驱动"向"数据驱动"跃迁，提升教育教学成效。

（三）"发现教育"与"数字赋能教学评"的契合点

"发现教育"以"发现—唤醒—发展—成全—成功"为价值取向，强调教育者基于"试水、畅游、深潜"的发现原理，遵循教育规律和学生身心发展特点，通过整理、分析、实践和研究，揭示事物规律，激发学生潜能，促进学生自我发展。"数字赋能教学评"则为"发现教育"提供了技术支撑，通过大数据分析，帮助教师发现教学得失，挖掘学生潜能，推动教育教学方式的转变，适应新时代"一核四层四翼"评价体系的要求。

在实践层面，"数字赋能教学评"与"发现教育"深度融合，体现在以下几个方面：一是数据驱动教学。通过大数据分析，精准定位学生的学习需求，提供个性化教学方案。二是过程性评价。利用数字化工具记录学生的学习过程，实现多元评价，促进学生全面发展。三是可视化反馈。将学习数据以图表等形式直观呈现，帮助学生自我反

思，明确改进方向。四是教师专业发展。通过数据分析，帮助教师发现教学中的问题，优化教学策略，提升专业能力。

"高质量教育"是"数字赋能教学评"与"发现教育"融合发展的核心目标。通过数据驱动，促进学生自我认知，激发学生的自主探究和创新能力，培养发现问题、解决问题的能力，全面提升综合素养。同时，"数字赋能教学评"还为学生和家长提供更优质的教育服务，推动学校整体教育内涵的高品质发展。

总之，"发现教育"与"数字赋能教学评"的契合点在于，前者为教育提供了理念指引，后者为理念落地提供了技术支撑。二者的深度融合，不仅优化了教育教学模式，还为师生共同成长提供了科学化、精细化、个性化的支持，为实现高质量教育奠定了坚实基础。

二、基于"发现教育"的"数字赋能教学评"的创新之处

（一）理念创新指导实践

"发现教育"理念强调以学生为中心，注重学生个性化发展。在大数据时代，信息化与教育的深度融合成为必然趋势。通过"数据驱动"，为教师的教育教学改革提供动力，同时激发学生自主学习的内驱力。学校以信息技术课为主阵地，结合学生社团课、校本课程等，培育学生的信息素养，打造"可感知、可诊断、可分析、可自愈"的智慧教育新生态。

（二）实践创新促进教学

开发"四个一"行动，构建从课堂到课后、从线下到线上的数据学习场，有效

落实"发现教育"的核心理念。

"一图"：基于"智学网"技术平台，为学生绘制直观体现学情的"五色图""雷达图"等，并进一步优化为"TPS学情跟踪定位系统"（彩虹图）。通过学情图，教师可以宏观分析整班教学效果，微观分析学生个体学科发展均衡化问题；学生可以发现自身优势与劣势学科，明确学习方向。

"一册"：基于各类测评数据，制订以"错题集"为主要内容的学习手册。与传统错题集相比，基于测评数据的错题集更具针对性，能够通过持续跟踪提高学习薄弱环节的改进效率，为教师制订分层学习方案提供准确依据。

"一课"：大力推广基于测评数据分析的讲评课。利用"智学网"提供的精细化学习测评数据，探索并推广数据驱动的讲评课模式。通过明确教学重点、数据实证和理性分析，提升课堂教学效率，优化学生学习路径。

"一院"：以园区智慧教育三期枢纽"易加学院"建设为契机，让学生依据自身学习特点和兴趣，在平台上自主规划建设个性鲜明的"学习者社区"。整合学习资源与课程，形成适应时代发展的学习方式，实现线上与线下互补互通的混合式学习。

技术创新提升效能：通过技术创新，实现"四精三赋"（精准定位知识点、学生链、反馈单、效能比；数据赋能德育、赋值管理、赋智教研），并在此基础上进一步优化"升维"。开发教育云数据、课堂教学助手、学业数据分析、教研数据分析等应用场景，推动信息技术与教育教学的深度融合，打造智慧教育新生态。例如，开发"智学网教学诊断平台"，实现数据采集高效化、统计可视化和分析精准化，为教育教学提供有力支持。

（三）双向交流，以评促教学改革

针对传统课堂教学评价中存在的问题，增添"主动交流"一栏作为评价加分项目，促进授课教师与听课教师之间的双向交流。通过这种方式，提升教师的教学反思能力，优化课堂评价效果，促进教学理念的碰撞与创新，形成"好课三个层级""教学四重境界"的课堂教学主张和评价创新方案。

（四）数智赋能，转型课改评价方式

引入先进教与学终端产品，支持信息化教学教研活动。强化运用数据，建立教与学大数据分析能力。以项目建设为教育数字化行动支点，推动学校数字化评价改革；以指导学生研究性学习为契机，积极开展有效实践，形成个性化"研究性学习"系列。转变教师角色，全面加强教师的数字素养和能力提升，从数字化意识、数字技术知识与技能、数字化应用、数字社会责任以及专业发展等方面，落实培养提升工作。淬炼"发现教育"理念，细化课程评价环节，集成"教、学、评、研、测、管"等六大类数据应用，实现区域信息共享，满足师生"教学评研测管一致化"需求。促进教师转变教学方式，开展适合教育；优化教育资源和育人范式，激发师生发展内生动力，使适合教育科学化、精细化、个性化、高效化。

三、基于"发现教育"的"数字赋能教学评"的改革成果

（一）提炼总结星海数据支撑下"发现教育"系列化教育模式

1."数据驱动，精准教学"讲评课范式

以数据为支撑，致力于打造具有星海特

色的精准教学模式。该模式借助"智学网"等数字化工具，全面采集学生的学习数据，包括作业完成情况、考试成绩、课堂表现等。通过对这些数据的深度分析，教师能够精准把握学生的学习情况，发现学生在知识掌握上的薄弱环节和高频错题。基于数据分析的结果，教师在讲评课上不再进行"一刀切"的讲解，而是聚焦学生的高频错题和薄弱知识点，通过详细讲解和针对性的答疑，帮助学生真正理解知识，提高讲评课的效率和效果。在数据分析的基础上，教师为每个学生制订个性化的辅导方案。该模式不仅适应了国家教育教学改革的要求，还实现了数据与教育的深度融合。通过精准教学，教师能够更好地因材施教，学生的学习效果也得到了显著提升。

2."数据驱动，三精发现"教育模式

打造精品团队、开展精细研究、实施精准辅导，形成"三精"模式。该模式旨在通过系统的教师培养和精准的学生辅导，提升教师的教学能力和学生的学习效果。打造精品团队：选拔优秀教师组成教学团队，并定期组织专业培训和教学交流活动。通过师徒结对的方式，让经验丰富的教师指导年轻教师，提升教师团队的整体专业素养。开展精细研究：教师团队基于数据开展教学研究，深入分析学生的学习数据，挖掘教学中的问题和改进方向。通过定期的教学研讨会，分享研究成果，优化教学方法。实施精准辅导：根据学生的学习情况，为学生提供个性化的辅导。针对学生的学习困难，提供针对性的辅导方案；对优秀学生，提供拓展性学习资源，帮助他

们进一步提升。通过"三精"模式，星海高中不仅提升了教师的教学能力，还显著提高了学生的学习效果。这种模式通过系统的教师培养和精准的学生辅导，为教育质量的提升提供了有力保障。

3."数据驱动，高原筑峰"管理模式

以数据为依据，明确筑峰目标，优化班级组合模式，因材施教，践行"人人成功、人人成星"的教育理想。该模式通过一系列措施，促进学生的全面发展，实现教育的公平与优质。一是筑峰目标引领。根据学校的教育愿景和学生的发展需求，制定明确的筑峰目标。这些目标不仅包括学生的学业成绩，还包括学生的综合素质发展。二是优化班级组合模式。基于学生的学习数据，合理调整班级组合，实现优势互补。通过分层教学和个性化教学，满足不同学生的学习需求。三是邀请专家指导。引入外部专家资源，为教师和学生提供指导和培训。通过专家的引领，提升教师的教学水平和学生的学习能力。四是组织学情调研。定期开展学情调研，了解学生的学习情况和需求。通过问卷调查、课堂观察等方式，收集学生的学习反馈，为教学调整提供依据。五是量身定制作业与辅导方式。根据学生的个体差异，为学生量身定制作业和辅导方式。通过分层作业和个性化辅导，帮助学生更好地掌握知识，提升学习效果。"高原筑峰"管理模式通过一系列措施，实现了因材施教，促进了学生的全面发展。这种模式不仅提升了学生的学业成绩，还培养了学生的综合素质，为学生的未来发展奠定了坚实的基础。

（二）制定《苏州工业园区星海实验高级中学基于教育测评数据分析的发现教育教学优化方案》

形成学生学习过程资源数据库。通过常态化收集与分析学生阶段性学习结果数据，形成数据支持下典型课堂案例的资源库，不断优化《"发现教育"课堂实施方案》的实践运用，集成星海高中办学经验和教学改革探索心得，推出系列成果集。

教学设计优化方案。利用教育测评数据确定学习起点，设计可量化学习目标，选择适合的学习内容，准确评价教学质量，并及时进行个性化学习分析与反馈。通过数据驱动，使教学设计与实施过程更精准、更有效。

（三）建设基于"发现教育"的"1+1+X"学习模式

构建学习生态场。依托相关平台，营建星海学生"数据"时代学习生态场，整合教师引导、同伴互助、家长帮扶、社会助力等多元效益，摆脱传统教学形式单一、诉求简单的状态。

"1+1+X"学习模型。两个"1"分别指学习者（学生）和助学者（教师），"X"指伴学者（同伴、家长、社会主体等）。从学生角度看，结合独学与群学、线上与线下、自学与助学，明确数据驱动效能，实现自我认知与规划。从教师角度看，帮助学生获取精准学习数据，分析数据形成助学导学结论，开发混合式学习框架与路径。从家长等角度看，引导学生发现学习特质，培养兴趣爱好，助力学生自我规划，开发社会学习资源场境，成为学生学习成长的助力者、发现者和合伙人。

四、结语

"发现教育"理念下的"数字赋能教学评"实践研究，通过理念创新、实践创新、技术创新等多维度的探索，取得了显著的改革成果。教师专业素养得到提升，教学特色逐渐形成；学生学习能力增强，核心素养得到全面发展。未来，我们将继续深化"发现教育"实践，不断完善教育数据收集与分析手段，挖掘教育数据的潜在价值，推动教育治理和教育教学方式的变革。通过持续努力，将教育大数据发展成为提升教育质量的必然选择，为培养更多适应时代发展的创新型人才而不懈奋斗。

【作者简介】马云秀，女，江苏省苏州工业园区星海实验高级中学副校长，正高级教师；黄志诚，男，江苏省苏州工业园区星海实验高级中学教师，高级教师；王淦昌，男，江苏省苏州工业园区星海实验高级中学教师，高级教师。

参考文献

［1］ 初逸侠.数字赋能助力初中学校教师数字素养提升的策略与路径［J］.黑龙江教师发展学院学报，2024，43（8）：22—25.

（通讯作者：张东风；责任编辑：印亚静）

"发现教育"：涵育终身学习者

◎ 赵　华 / 江苏省教育科学研究院

苏州工业园区星海实验高级中学致力于创办高品质科学特色高中，建设激活创造力的科学课程体系，打造生长学习力的数智保障体系，构建科学多元的测评考核体系，为涵育终身学习者设计全景式育人蓝图。

一、"发现教育"的星海解读

"发现教育"的星海理解和创造。首先，发现是一种主动、自主、自治的个体行为，发现具有内生动力；其次，发现是一种方法，在科学领域，发现需要积累证据、逻辑循证和数理建构；最后，发现是一种智慧，能够有发现，必须有激情、有好奇心、有童心。培养发现者的本质，就是培养好奇心、想象力和探求欲。

教育从来不是知识的单向传递，而是灵魂与世界的对话过程。星海高中提出的"发现教育"，以"尊重—发现—成功"为价值链，本质上回应了苏格拉底的"产婆术"对教育本质的追问——教育不在于灌输真理，而在于唤醒心灵对真理的追寻欲望。这种教育观渗透着现象学"回到事物本身"的哲学意蕴：当学生通过 STEM 实验室探究物质的电子跃迁规律，或是在天地融合课程中观测银河系的光谱红移，本质上是在进行海德格尔所言的"在世界之中存在"的本体论实践——知识的习得过程即是与世界建立意义联结的生命体验。

二、通向终身学习的课程重构

"领雁"课程体系的智慧在于其建构主义的顶层设计。基础型课程的模块化重组，打破了传统学科壁垒，体现着怀特海"教育节奏论"中"浪漫—精确—综合"的认知螺旋。当化学实验教学从验证性操作转向原理循证的探究，知识便脱离静态容器，成为杜威所谓的"经验的改造"。这种改造在空间维度延伸至"行思润志"文化长廊与创造发明工坊的虚实交融，在时间维度贯通"初中—高中—高校"的培养链，形成布迪厄场域理论中的"惯习养成"机制。更具哲学启发性的是"发现教育"对知识确定性的解构。在数学建模室，学生面对的从来不是封闭的答案，而是哥德尔不完备定理般的认知挑战；在国际理解教育中，文化差异引发的认知冲突化为列维纳斯"他者伦理"的具身体验。这种知识观暗合怀特海"过程哲学"的要义：真理永远处于生成状态，教育的价值在于培育从容面对认知不确定性的心智素养。

三、构建终身学习力的评价谱系

星海高中的改革实践揭示：当教育评价从"摄影机"转向精准评价中的"欣赏与激赏"，学习的热情必将唤醒。"五色图—雷达图—彩虹图"的三阶演进，本质上是认知诊断技术的现象学转向，这种评价体系规避了工具理性的异化风险，更贴近哈贝马斯"交往理性"的教育理想。教师通过微表情捕捉技术分析学生的课堂参与度，是将维特根斯坦"语言游戏"理论转化为教学诊断工具的创新尝试，更深层的哲学变革发生在评价主体维度；"伴学者"概念的引入，构建起拉图尔"行动者网络"式的评价共同体；家长通过数字化平台参与研学课程设计，企业导师介入创客空间的项目评估，评价成为社会联结的教育仪式。这种去中心化的评价生态，正是终身学习者需要的成长环境。正如阿伦特所言，"在人与人之间"才能实现真正的存在。

在人工智能奔涌的时代，"发现教育"更需要保持清醒的价值定力。它围绕"人的觉醒"展开，其根脉在"发现式课堂"，培养终身学习者的问题发现力、方法发现力、思维发现力和创造发现力。

涵育终身学习者，让每个生命时刻保持对世界的惊奇，在永恒的发现之旅中实现终身成长。

【作者简介】赵华，男，江苏省教育科学研究院特级教师，正高级教师。

（通讯作者：张东风；责任编辑：印亚静）

区域统筹推进乡村课堂教学改革的策略

——以王鲍镇"六至"工程为例

◎ 杨军华 / 江苏省启东市王鲍镇教育管理办公室

顾碧琼 / 江苏省启东市新港小学

摘 要 本文聚焦乡村课堂教学改革,通过区域统筹的"六至"工程,即以"至能教师"提升教师专业素养、以"至慧课堂"创新教学模式、以"至臻校研"强化教研实效、以"至本调研"优化教学管理、以"至味讲坛"拓宽师生视野、以"至真问卷"倾听学生心声,同时构建整体联动、样板示范、科研引领和评价驱动的协同机制,为乡村教育改革提供了可借鉴的实践路径与理论支撑,有力推动了乡村教育向高质量发展迈进。

关键词 教育改革 课堂教学改革 教师发展

人民满意的教育必定是高质量的教育。习近平总书记强调,"要深化教育教学改革,强化学校教育主阵地作用,全面提高学校教学质量"[1]。教学质量是学校教育的生命线,是衡量一所学校、一个地区教育水平的重要因素。南通的"立学课堂"教学改革注重立人、立根、立身,实现了由"追求效率"到"育人为本"的根本转变,回归到落实立德树人根本任务上来,回归到培育学生发展核心素养上来,回归到"以生为本,学为中心"的课堂教学理念上来,给我们基层学校教育带来了教学理念的更新和教学实践的引领。

笔者结合南通的"立学课堂",因地制宜,重点围绕王鲍镇教学改革"六至"工程整体统筹推进,积极探索实践,努力提升区域教学质量。

一、明确一个方向,凝聚共识

提高教育教学质量,重在课堂。课堂是学校教育的主阵地,也是一切教育改革的起点。王鲍镇积极响应上级教改精神,"重新定义学校,我们用使命、愿景和目标为学校建设保驾护航,把学校的使命定义为一个学校的最终教育目的"[2]。我们成立了以校长、学科骨干教师为成员以及学生代表共同参与的专业学习共同体,组织认真学习"立学课堂",并研究制订了符合本镇实际的课堂教学改革的实施方案,讨论形成具有操作性、规范性、引领性的管理模式。我们在课堂教学理念上，由"关注学科知识"向"关注学生发展"转变；在课堂教学实践中，由"教为主线"向"学为中心"转变；在课堂教学形式上，由"面向黑板学"向"小组合作学"转变；在课堂媒介的功能上，由"用于教学"向"用于学习"转变；在课堂评价上，注重从"观教"走向"察学"。这样的教学改革方向引领着王鲍镇教育教学的实践探索，并在此基础上逐步完善形成"六至"工程模式。

二、实施"六至"工程，主动探索

地处启东西部的王鲍镇是著名的革命老区，以抗日战争时期牺牲的新四军东南警卫团团长王澄、政委鲍志椿烈士命名。王鲍这方热土见证着教育人的努力与奋斗。启东市王鲍镇教管办下辖四所小学和四所幼儿园，在校学生 2500 多人，在校教职员工 200 多人。结合王鲍镇教育实际，我们大力传承红色基因，实施"六至"工程，推动课堂教学改革实践向教育的宽度、厚度和深度延伸，谱写乡村教育振兴新篇章。

（一）"至能教师"——支撑教学质量的关键

百年大计，教育为本；教育大计，教师为本。学校取得的成绩，得益于有一支精干高效、爱岗敬业的教师队伍。习近平总书记指出："教师重要，就在于教师的工作是塑造灵魂、塑造生命、塑造人的工作。一个人遇到好老师是人生的幸运，一个学校拥有好老师是学校的光荣，一个民族源源不断涌现出一批又一批好老师则是民族的希望。"[3]我们高度重视教师队伍

建设，关注教师专业能力的提升，通过培训、研讨等形式，使教师能够更好地适应新课程改革的要求。为此，我们积极开展了一系列活动：一是加强新入职教师的培养，强化对新入职教师的指导，签订"青蓝合同"，通过实施"诊断、打磨、展示"三部曲，使其充分熟悉教学环境，掌握基础教学技能，提升课堂管理水平。二是组建青年教师成长联盟，把各校推荐的内驱力强的 35 周岁以下青年教师组建成青年教师成长联盟，其中英语组 13 人、语文组 8 人、数学组 6 人、音美组 7 人、幼教组 6 人，以三年为培养期，给联盟成员配置导师，提供专业探讨、教学研究的良机，从而达到整体提高的目的。三是展现优秀教师风采，开展"美丽乡村教师"评选活动，在微信公众号上介绍优秀教师事迹；还推出了"红色先锋、思政育人"——"优秀党员班主任的深耕细作"系列故事，展示优秀教师的风采，感受榜样的力量，带动全体教师爱岗敬业，辛勤耕耘。同时，积极向社会筹措资金，成立奖教奖学金，奖励在每个学期的学业水平测试中学科排名靠前的任课教师及优秀学生。

（二）"至慧课堂"——构建教学质量的主场

我们立足于"立学课堂"，塑造区域内"至慧课堂"，强调智慧教学的理念，鼓励教师运用现代信息技术手段创新教学方法，提高课堂互动性。"认准方向朝哪走，然后设定有限的目标，寻找专业的路径，做出一些实在的改变。"[4]通过磨课、晒课、议课等方式，共同研讨并优化教学方法，要

求全镇每位教师秉持"限时讲授、合作学习、踊跃展示"的十二字原则，以实现"真实、快乐、思考、美好"的课堂价值，进而改变学生的课堂行为模式，注重自主学习、培养质疑精神、鼓励表达交流、激发兴趣潜能，使学生在愉悦的学习氛围中收获知识。"至慧课堂"从教师专业成长、学生学习动力以及学校管理等方面"慧"及师生，也使全镇的教育环境得到了显著改善，为师生创造了一个更加积极、高效和创新的教育氛围。

（三）"至臻校研"——提高教学质量的诀窍

"至臻校研"追求卓越的校园研究，以提高教学质量为核心目标，着眼于校内教研活动的深入开展，通过组织教师参与课题研究、教学观摩、案例分析等，提升教师的研究能力和教学实践水平。我们组建镇集体备课组、教学共同体，实现教学资源共享；定期为教师提供专业培训，包括教学方法、课程设计、评估技巧等；还强调在集体备课中开展教学反思活动，撰写反思笔记，组织评比，建立激励机制，对表现优秀的教师给予奖励。每学期，我们组织各级教学观摩课，邀请上课教师或团队分享经验和方法，有新入职教师考察期实战课、青年教师联盟成员技能比赛、市镇骨干教师示范课、教育集团内学科教学评比等。王鲍镇积极承办"普惠乡镇行"活动，充分借助名师工作室、乡村培育站等平台，将优课送进乡镇、校园，使乡镇地区的学生有机会接触到更高质量的教育资源和教学理念，提升学习兴趣，促进教育公平。

（四）"至本调研"——夯实教学质量的基石

唯有推行科学且合理的管理制度，教学活动方能有序、高效地展开。王鲍镇组建调研团队，推进"至本调研"，目的在于通过调研追本溯源，寻找揭示教师课堂教学改革过程中所面临的难题。我们围绕学校的教学规划、课程设置、师资建设、学生发展等各方面状况，全面了解学校的管理现状与教学质量；围绕教学工作八项要求，全面了解教师教学过程中备课、授课、作业批改、考试评价、学生的学习状况等各个环节。通过调研，不难发现教学中存在的问题，如备课不充分、授课方法单一、作业批改不细致等，并提出相应的改进建议。这些建议会形成通报，及时反馈给学校并下发全镇学校，以确保所有教育工作者都能从中受益。同时，跟进学校的整改情况，确保改进措施得到有效落实。

教学调研强调了对教学质量的持续关注和改进，以及对教育过程中各方面需求的细致考量，是推动教学改革和提升学生学习成效的重要手段。

（五）"至味讲坛"——提升教学质量的品质

"立学课堂"以立德树人为核心，旨在培养学生核心素养，强调学生主体地位及自主学习的课堂教学模式。习近平总书记指出，"继续大力推动教育改革发展，使我国教育越办越好、越办越强"[5]。为了帮助教师专业成长，拓宽专业视野，加强队伍建设，我们坚持走出去、请进来，充分发挥"至味讲坛"的优势，邀请教育专家、学者来分享先进的教育理念、教学改革、课程建设、教学方法和学生成长等方面的经验。"至味讲坛"让教师尝"学习之味、服务之味、奋斗之味",体会"至味"人生。"至味讲坛"通过举办讲座、论坛、展览等活动,拓宽学生的知识视野,培养学生的综合素质,鼓励学生提问和参与讨论,以增强他们的参与感和收获感,培养他们的批判性思维。

（六）"至真问卷"——撬动教学质量的支点

问卷调查作为一种有效的教学反馈手段,对提升质量具有重要作用。"至真问卷"关注学生真实的声音,通过定期发放问卷,收集学生对教学内容、教学方法、学校环境等方面的意见和建议,及时调整教学策略,满足学生的学习需求。我们每个月都会有针对性地对各年级、各学科定期开展学科类问卷调查。"在新学校研究的路径里面,我们最为强调的就是从老师和学生的抱怨开始,寻找解决问题的切入点。"[6]我们在"真"字上下功夫,看"真"课,听"真"话,见"真"效。问卷设计涵盖教学内容、教学方法、课堂氛围、学生状态等多方面,旨在了解学生对学习的真实感受和需求。通过分析问卷数据,不仅教师能审视、反思自己的教学行为,学校也可以看到存在的差距,从而为学校、教师调整教学策略、优化教学方法提供了重要依据。因此我们定期开展问卷调查,形成一种持续改进的文化,鼓励师生共同关注教学质量,不断探索提升的空间。

三、完善"四项"机制,形成合力

为扎实开展好王鲍镇教育"六至"工程,我们完善"四项"动力机制,精心布局,周密考虑,形成推进区域课堂教学改革、提升教育教学质量的综合力量。

一是整体联动。在实施"六至"工程的过程中,我们统筹好全镇的教育教学进程,协调好各学校的工作开展,组建领导小组,吸收学校领导和业务骨干,整体思考推进策略。同时,面向全体师生,让全镇所有教师共同领会"六至"工程的意义和推进措施,做到目标明确、模式可学、思路清晰、效果明显、反响良好。

二是样板带动。"六至"工程在继承原先优秀做法的基础上循序推进,以温和的方式,逐步发挥出有力的示范效应。我们着力打造三个层次"样板":打造样板学校,做到"一校一品""一校一特",多方面展示样板学校的做法;打造样板学科,共同研讨学科建设推进方案,夯实学科的教育教学基础,攻克学科教育教学难点;打造样板教师,通过多种方式选拔出有威信、能力强、肯钻研、师德好的优秀教师,发挥他们的教学引领作用。

三是科研推动。王鲍镇结合近年课改实践,在"至臻校研"的基础上,坚持教学和科研两手抓,通过学习理论促提高、课堂教学讲实效、严格管理求发展等系列措施,充分梳理和分析课堂教学改革中存在的具体问题,形成"人人参与教学科研创新活动"的局面,使教育科研成为提升教师素质的内驱力,成为提高教育教学质量的新增长点。

四是评价驱动。通过评价驱动课堂教学改革，结合"至本调研"，我们采取了以下举措：建立多元评价体系，强调学生能力的多方面发展；应用形成性评价，在教学过程中不断收集、分析和利用信息来调整教学和优化学习；开展课堂观察与反馈，帮助教师改进教学方法和提高教学质量；学生自评与互评，培养学生的自控和反思能力，同时促进学生之间的交流合作。

"六至"工程以"至味讲坛"进行思想理念的引领，以"至能教师"进行方法上的指导与培训，以"至本调研"寻找实践中的改进之处，以"至慧课堂"进行点拨示范，以"至臻校研"加强"立学课堂"与本土教研结合，以"至真问卷"实时更新师生的新状况。

习近平总书记指出："建设教育强国，是全面建成社会主义现代化强国的战略先导，是实现高水平科技自立自强的重要支撑，是促进全体人民共同富裕的有效途径，是以中国式现代化全面推进中华民族伟大复兴的基础工程。"[7]提高教学质量的过程并非一蹴而就、一劳永逸，在区域课堂教学改革实践中还存在一些尚待提高的方面，需要我们守正笃实，久久为功，持续不懈地努力和奋斗。在未来的工作中，我们将进一步激发在教学道路上不断探索和前进的热情，为启东教育高质量发展贡献力量。

【作者简介】杨军华，男，江苏省启东市王鲍镇教育管理办公室主任，高级教师；顾碧琼，女，江苏省启东市新港小学副校长，一级教师。

参考文献

[1] 《党的二十大报告辅导读本》编写组.党的二十大报告辅导读本 [M].北京：人民出版社，2022.

[2] 刘京秋，哈维·阿尔维.建设使命共振的学校 [M].北京：教育科学出版社，2020.

[3] 教育部课题组.深入学习习近平关于教育的重要论述 [M].北京：人民出版社，2019.

[4] 唐江澎.好的教育：我说的不过是常识 [M].南京：江苏凤凰教育出版社，2021.

[5] 习近平.做党和人民满意的好老师——同北京师范大学师生代表座谈时的讲话 [J].中国高等教育，2014（18）：4—7.

[6] 李希贵.新学校十讲 [M].北京：教育科学出版社，2013.

[7] 怀进鹏.以教育之强夯实国家富强之基（深入学习贯彻习近平新时代中国特色社会主义思想）[N].人民日报，2023-08-31（9）.

"养正文化"视域下学校内涵式发展模式的建构

◎ 罗　林／安徽省宁国市西津小学

摘　要　在新时代教育高质量发展的背景下，学校文化作为立德树人的核心载体，亟须突破传统校园文化建设的范式。本文基于安徽省宁国市西津小学"养正文化"的百年实践探索，系统阐释了学校文化建设的价值内核与发展机制。通过构建"理念—制度—行为—环境"四位一体的文化生态系统，创新提出"五维一体"（德、智、体、美、劳）育人模型与"三阶递进"（文化认同—价值内化—行为外显）发展路径，构建县域基础教育改革的样本。

关键词　学校文化　内涵式发展　育人模式　教育生态

教育是国之大计、党之大计。习近平总书记在党的二十大报告中指出："高质量发展是全面建设社会主义现代化国家的首要任务。"加快义务教育优质均衡发展，加强高质量学校建设，更好满足人民群众"上好学"的期盼，是义务教育领域的重点任务。我们通过"养正文化"建设营造积极向上、充满活力的教育生态。

一、理论溯源：学校文化的时代使命

学校文化是以价值观为核心的教育生态系统，包含精神文化、制度文化、行为文化、物质文化四大维度。安徽省宁国市西津小学始建于1905年，其前身是养正学堂，有着丰厚的人文底蕴和文化积淀。学校坚持以史为基，以今为本，守正创新"养正文化"。在办学过程中，学校始终以文化为统领，通过物质载体的情境浸润、制度体系的刚性约束、行为实践的柔性引导，实现文化价值的立体渗透。

面对学校管理中的价值引领虚化、"五育"融合表面化、家校社协同弱化的三大痛点，学校通过仪式教育、构建"五正"课程体系、建立"3+3"行动机制等来强化思想认同、实现学科贯通并形成教育合力。

二、模式建构："养正文化"引领下的内涵式发展体系

（一）文化基因解码：百年老校的精神谱系

"蒙以养正，圣功也"语出《易经》，体现了修养与教化的重要性。学校充分挖

掘、提炼、传承学校办学文化，在继承中发展，在发展中融合，在融合中创新，顶层设计学校办学实践。养正学堂初创时确立的"养气读书必先志学，正谊明道而后升堂"的校训，与当代立德树人教育方针形成跨越时空的呼应。学校通过文化寻根活动，将"蒙以养正"的哲学思想转化为"为每一个孩子幸福成长积蓄正力量"的办学使命与"尚德、智慧、书香、健美"的育人目标。西津小学的校名由著名校友吴宪生题写，校徽设计融合校名首字母 XJ 与红领巾形态，既象征少先队精神，又暗含"养正"的文化意象。

学校以解放思想大讨论大解题为契机，深入研究学校百年来的发展史和变迁史，潜心挖掘其中的历史故事和精神内涵，精心梳理长期积淀的优秀教学方法、成功教学案例、经典育人模式等独特的育人文化和教育传统，提炼形成"养正、博学、健美、和谐"的校训，"爱、诚、礼、能"的校风，"严、新、活、趣"的教风，"多读、善思、好问、勤练"的学风，作为文化基因的表达载体，形成学校文化符号体系；同时围绕学校文化特质，进行学校制度的"废立改"，契合当下教育发展形势，形成文化建设的制度闭环。

（二）实践路径创新：五维联动的发展矩阵

1. 以文化引领，推进教师专业全面成长

2024 年，中共中央、国务院办公厅印发了《关于弘扬教育家精神加强新时代高素质专业化教师队伍建设的意见》。面对新时代课题，我们积极探索创新党建引领师德、师风、师能路径，推动教育教学质量全面提升。一是养正明师德。定期组织教师学习党史及习近平总书记的重要论述、著作，以多种组织形式进行讨论，做到学有所得、学有所悟，内化后外延至教育教学一言一行。常态化开展"师德宣誓"、签订承诺书、建立师德考核及通报制度，为广大师生树立良好"养正"形象。二是养正树师风。通过争做"四有"教师为主线，开展"红烛先锋"评选活动，号召全体教师从教育教学各方面争创"先锋岗"，增强政治荣誉感和工作责任心，强化师风教育。三是养正强师能。通过骨干教师带头上公开课、示范课，实施"师徒结对"，指导年轻教师快速成长，既充分发挥名师的示范和引领作用，又做好学校名师培养工程，为学校发展提供动力与保障。

2. 以文化为内涵，构建"五正"课程体系

课程的品质影响着学生的素养，学校以"养正文化"为课程文化，建构跨领域课程体系。学校本着"生活处处皆课程"的教育思想，从"五育"并举出发，聚焦未来 21 世纪型人才必备的文化理解与传承（Cultural Competence）、沟通（Communication）、合作（Collaboration）、思辨（Critical Thinking）、创新（Creativity）五种高阶能力和核心素养，创新性构建"5C"＋"五正"养正课程体系，即以道德与法治为基础课程，跨界整合德育天地、志愿服务、阳光养成、红色实践等课程的"正德"课程群；以语文、数学、英语为基础课程，学科内整合文化大观、儿童阅读等课程的"正智"课程群；以体育与健康为基础课程，整合阳光健身

等课程的"正身"课程群；以音乐、美术为基础课程，整合艺术天地、非遗传承、墨香津韵等课程的"正心"课程群；以科学、综合实践、信息技术为基础课程，整合科技创新、开心研学、劳动探索、校本节日等课程的"正行"课程群。同时，推进家长讲坛、亲子活动等家校社一体课程，携手铸就养正、博学、健美、和谐四大品格。

3. 以文化为导向，优化育人方式

近年来，学校创新与实践以"和"为中心的教育教学模式，助力师生成长；创新探索"和合而优"的备课形式、"和谐共学"的课堂模式、"和而不同"的作业设计、"和颜悦色"的个性化辅导、"和乐成长"的评价方式五个维度；从"以和为本"的教学常规、"和光而行"的队伍建设、"和悦共处"的家校共育三个层次形成"以'和'为中心，助力师生成长"的"五维度三层次"教学研究与实践。尤其在"和谐共学课堂"的构建上，学校每年都开展对外教学开放活动，不断提升课堂内涵建设，逐渐形成了"和谐共学课堂"的"六步教学模式"，即从人本主义出发，以多元互动为手段，以小组合作为形式，具体操作流程为：精彩课前三分钟—检查预习—自主学习—合作探究—成果展示—检测评价。

4. 以文化为基石，推动德育教育实践

学校创新"三维六阶"仪式教育体系，突出"仪式教育"，强化思想引领，探索形成独特而经典的"仪式感教育"，形成"养正教育，习惯先行"系列活动：启程礼——一年级入学"开蒙启智"礼，二年级少先队知识、礼仪风采大赛活动；知行礼——三年级"快乐成长，感恩幸福"成长礼，四年级"学校史、唱校歌"活动；修远礼——五年级"旅行、体验、励志、拓展"研学旅行，六年级"感恩母校，梦想起航"毕业礼。同时，通过开展"亮剑"小交警、烈士陵园祭扫、养正少年军校、国防教育等中队社会实践活动，实现教育学生、带动家庭、影响社会的目的，充分展示了学校文化力。

5. 以文化为熏陶，家校社协同育人

学校确立"打造育人共同体，建设协同育人机制"的家校社育人目标。一是整合开发，打造教育"磁力场"。通过与校外各类教育基地、厂矿企业、社区资源、社会团体沟通联系，开展多种形式的研学等实践活动，让教育教学和实践空间得到进一步拓展，将学校"小课堂"对接社会"大课堂"。二是凝聚合力，吸纳"合伙人"。成立各类家长志愿者队伍，充分联动家校社各方资源与力量，通过定时服务与机动参与、联建联动相结合的方式，配合学校开展教育教学工作，努力实现家校、师生"彼此抵达"的核心价值观。三是多元交互，"优化空间"建设。利用校内外资源开展线上"阅读旅行打卡"、线下"五育""社团课程"等活动，把"五育"发展从学校拓展至社区和家庭，实现线下线上相结合，融入日常生活，构建"五育"融合发展的新格局。

三、成效验证：从特色办学到品牌输出的蝶变

多年来，学校通过构建"理念引领—

系统推进—实践创新"的文化建设长效机制，使文化基因真正转化为育人效能。

学校在文化引领下，始终关注学生核心素养提升和教师专业成长。近年来，学生多次在各级比赛、展演中获奖，其中参加国家级展示20人次，100余人获市级以上表彰，各级各类比赛成绩斐然。"红烛先锋"队伍不断强化，师资建设卓有成效，学校现有高级教师20名，省级优质课获奖4人，市级以上教学名师38人。

家校社协同能力得到进一步提升。学校家长满意度及社会美誉度逐年攀升。省市各级媒体对学校进行深度宣传报道，相关办学经验在省市各级平台进行交流分享。学校先后获评"全国优秀少先队集体""安徽省未成年人思想道德建设示范学校"等

17项省级以上荣誉，连续13年获评宁国市教学质量优秀学校，逐步成为区域内优质学校。

通过多年的教育教学实践与探索，学校构建了"文化基因解码—实践路径创新"的发展模式，为破解乡村教育振兴难题提供了新思路，逐步形成百年名校薪火传、文化引领"养正"魂的品牌效应。区域内兄弟学校多次来校参观交流，对学校文化推动教育教学育人生态的实践案例给予高度肯定。

未来，学校将进一步深化数字化转型，构建"人工智能＋养正文化"的新生态，持续释放学校文化的育人动能。

【作者简介】罗林，男，安徽省宁国市西津小学校长，高级教师，宣城市名校长。

参考文献

[1] 王莉韵.用"爱的教育"推动学校教育高质量发展［J］.教育家，2024（42）：46—47.

[2] 蔡京华.学校高质量发展中的课题研究何为［J］.中国教育学刊，2024（10）：108.

[3] 顾明远.论学校文化建设［J］.西南大学学报（人文社会科学版），2006（5）：67—70.

[4] 叶澜.试论当代中国学校文化建设［J］.教育发展研究，2006（15）：1—10.

撬动校长内涵提升的三个支点

◎ 孟大军 / 江苏省滨海县教育局

摘　要　一名好校长就是一所好学校，校长是学校教育发展之魂。校长作为教育工作中坚力量的"领头雁"，对教育敏锐的洞悉和准确的把握，直接影响着学校高质量发展的高度、进度、力度和深度，同样也影响着学校在社会、家长和学生中的认可度。校长需要从综合素养、师德师风和教育教学成绩三个方面全面提升。

关键词　校长　内涵提升　能力水平　教育发展

教育部办公厅发布的《关于实施新时代中小学名师名校长培养计划（2022—2025）的通知》明确提出，着力建设高素质专业化创新型教师校长队伍。高素养的校长与时俱进地更新教育理念，结合实际创新管理方式，引领一支高素质的管理团队，助力学校特色品牌提升，助力区域教育高质量发展。

一、注重素养提升，找准内涵提升根本点，架设学校教育高质量发展的支柱

立德树人是教育的根本任务，更是教育工作者的责任和使命。校长是精神文化的打造者，是行为文化的引领者。[1]学校高质量发展需要进行高层设计规划，校长以教育情怀引领着学校教育教学质量的提高和发展的方向。

（一）注重"服务＋服从"，做站位有高度的校长

培养德智体美劳全面发展的社会主义建设者和接班人，加快推进教育现代化、建设教育强国、办好人民满意的教育。[2]校长是学校发展的"掌舵人""领航员""指挥者"，需要以"温文尔雅、举止大方"的风格气质和"言行一致、率先垂范"的人格魅力做支撑。学习型校长，就要注重学习，准确把握新时代新要求，不断学习新思想新理念；知识型校长，就要具有丰富的知识储备，具备丰厚的文化底蕴，具有丰硕的研究成果；服务型校长，就要全心全意关心教师的学习和生活，尽职尽责助力教师专业成长；引领型校长，就要时时做表率典范，事事走在前做在先，真正让社会认可、教师信服、家长满意、学生尊崇。

（二）注重"思维＋思路"，做谋划有深度的校长

"梦想因美好而向往，梦想因成真而辉煌。"校长在学校发展中要敢想敢做、敢作敢为，要勇于创新、敢于担当。校长的思路决定学校发展的出路，校长的思维决定学校发展的作为，要着眼长远，高目标定位，高起点规划，高标准推进，不能拘泥于传统的发展思维，局限于一时一事的得失，满足于当前的利益和成绩。于环境浸润中，擦亮教师以文化人、培根铸魂的精神底色，引领学生增强放眼世界、胸怀天下的思想自觉。[3]校长要有梦想、有思想、把握学校发展脉搏，把准发展的方向，把住发力的关键；校长要想干事、会干事，也能干成事，用满腔热情发展学校，用本领和智慧促进学校发展。

（三）注重"考查＋考评"，做工作有力度的校长

大力弘扬教育家精神，强化学校"一把手"的新时代新使命，要把理念转变为制度，把制度转变为全体教师的自觉行动。在学校发展中，校长本领再大、能力再强、水平再高，仅凭一己之力还是有限的，必须建好建强领导班子和教师"两支队伍"，要有一支强大的团队做后盾，必须有一套规范的制度做保证，以制度管人管事才能管出成效。校长的发展理念要融会在公平公正的科学管理和激励制度中，在"引"字上下功夫，在"放"字上做文章，在"新"字上求突破，在"实"字上见成效，着力打造"和谐教育"，让全体教师成为"学校人"，切实提升教师的幸福感和成就感。

二、注重教学改革，突破内涵提升创新点，绘就学校教育高质量发展的蓝图

学校是推进并实现教育高质量发展的"主阵地""主战场"，课堂是提升教学质量的"生命线""延长线"。学校要有品质的发展，必须深入开展课堂革命，需要校长、教师在课堂教学改革中同步发力、同向用力，向课堂要质量、要效率。

（一）突出"转变＋转换"，把准引领课改"方向盘"

"课堂革命"是教育永恒的话题，是学校教育教学质量的"试金石""风向标"，校长只有勇于面对、敢于创新、勤于付出，才能不断收获课堂教学改革的丰硕成果。"转变观念是关键，瞄准目标是根本"，以新理念新任务开启新思想新征程。立足发展学生核心素养，立志培养新时代发展需求的综合型人才，转变方式是前提，探索途径是重点，教师有必要进一步审视自己的课堂是否给予学生必要的"学习权"，是否给予学生充分的学习时间。[4]教师的教由"包办"向"放手"转变、由"替代"向"引导"转变，学生的学由被动参与向主动探究转变、由单一的学向协同合作转变，真正实现教师教得自如，学生学得轻松。

（二）突出"实验＋实践"，锻造践行课改"发动机"

由于各种原因，现在教师的职业自豪感逐渐淡薄，职业倦怠和价值否定已成为影响教师成长的最大障碍。[5]各业务部门的干部是学校课堂教学改革的中坚力量，影响着课堂教学改革的深度，应该走在前

做在先，既要执行规划不动摇，也要落实措施不走样，更要示范引领不懈怠。理论来源于实践，服务于实践，扎根于实践。校长和执行部门负责人要把课堂教学改革的规划转化为落实的动力，影响和传输给每一位教师，引领和指导每一位教师参与到课堂教学改革的实践中来，以课题组为核心，以学科教师为主体，建设一支有思路、勤实践、会研究、善总结的教师团队；以龙头校为中心，构建"一校一品"、百花齐放的发展格局。

（三）坚持"定性＋定位"，启动推动课改"加速器"

火车跑得快，全靠车头带。校长是一所学校深入推进课堂教学改革顶层设计的"总规划师"，也是教师团队专业成长的"总设计师"，其态度决定着课堂教学改革推进的力度。校长须从学校的传统、教师和学生的特点出发，构建独特有效的课堂教学改革模式。课堂教学改革不仅要形成以浓烈氛围为基础的"保障系统"，也要编织以立体联动为格局的"网络系统"，还要构建以激励机制做保证的"动力系统"，坚定信念，向着既定目标高速前行，绝不能让课堂教学改革的"航母"在"浅水滩""搁浅"，必须进入"深水区""博弈"。不能因循守旧、故步自封，要让课堂教学改革走得更远更好，打造属于自己改革创新的品牌。

三、注重师德建设，激发内涵提升活力点，锻造学校教育高质量发展的引擎

极个别教师师德缺位、履职失位、进取错位等问题严重影响了教师队伍的形象。

归根结底，是中小学校党建工作这块短板在一定程度上影响着师德师风建设深入有效推进，需要校长引领，全方位、多层面、立体式地加以整改和落实。

（一）坚持"引领＋引导"，努力在抓校长"带"字上下功夫

校长是学校之魂，是学校发展的"掌舵人""指挥者""领航员"。教育没有理想和热情不行，但是教育只有理想和热情也很难奏效。[6]为深入贯彻习近平总书记关于教育工作的重要指示精神，必须加强党对教育工作的全面领导，尤其是作为教育最基层的学校，抓好党建工作是重中之重，校长更是关键。要坚持校长、书记"一肩挑"，全面落实学校"一把手"党建工作主体责任和"一岗双责"，亲自抓党建、抓师德师风建设，成为"主心骨"，喊响"向我看齐"；带好班子，各司其职，团结协作，打造"领航团队"；带好中层，建强骨干，发挥作用，自觉"向前靠拢"；带好队伍，营造氛围，形成风气，引领整体"齐步走"，切实抵制有偿家教等不正之风，弘扬立德树人正能量。

（二）坚持"争先＋争优"，努力在抓典型"引"字上做文章

榜样的力量是无穷的。一个典型就是一面旗帜，可以带动一个团队，激励一个整体，影响一个领域。时代需要楷模引领，教育需要"方向标"指引，学校需要"排头兵"带动，教师需要"着力点"支撑。以争创"有理想信念、有道德情操、有扎实学识、有仁爱之心"的"四有"好教师和党员示范岗为载体，切实加强教师职业道德教

育，让爱岗敬业成为自我要求，让教书育人成为自觉行为。组建"四有"好教师事迹宣讲团，深入中小学校宣讲。发现并培植身边典型，以个例引领团队、少数引领多数，通过主题党日活动等，用身边的人和事，引领每一位教师提升爱岗敬业奉献的职业道德素养，实现"同频共振"。

（三）坚持"规矩＋规范"，努力在抓制度"活"字上见实效

学校党建工作离不开制度保障，师德师风建设更离不开规范要求。健全完善学校党建工作制度，结合校情实际，不搞虚假，不走形式，扎扎实实开展好各项组织活动，真正让每一次活动都能成为党员教师教育提高的"课堂"。实现管理工作"横向到边、纵向到底"，人人有事干、事事有人管，提高管理的精细化规范化水平。[7]加强师德师风建设，要建立健全并不断完善监督和考核制度，通过聘请不同层面的代表担任党风政风和师德师风监督员等，畅通监督渠道，对教师的师德师风进行全方位、全天候监督；坚持在学校考核中实行党建工作评价"优先项"，在教师考核中实行师德师风"决定权"，真正实现学校党建工作促进师德师风建设"全覆盖""零缝隙""无盲区"。

【作者简介】孟大军，男，江苏省滨海县教育局副局长，江苏省滨海县实验小学党总支书记，中国教育学会会员。

参考文献

[1] 黄江生，张力.积淀深厚文化底蕴 推动学校内涵发展[J].教育家，2024（32）：44—45.

[2] 教育部课题组.深入学习习近平关于教育的重要论述[M].北京：人民出版社，2019.

[3] 夏静洁.臻美育人：教育家精神的传承与实践[J].学校管理，2024（5）：20—23.

[4] 徐益锋.坚守活动的"主体性初衷"[J].教学月刊小学版（综合），2019（6）：21—23.

[5] 朱向阳.乘势而起·精耕细作：农村学校卓越教师团队建设的路径[J].中小学管理，2018（10）：46—48.

[6] 班建武.教育家精神的内涵解析与实践要求[J].人民教育，2023（18）：18—21.

[7] 张康贤，冷蓬勃.实施精细化管理，助推高质量发展[J].教育家，2024（35）：52—53.

创新行为视角下的大学教师科研评价制度改革路径

——评《科研评价制度对一流大学建设高校教师创新行为的影响研究》

◎ 蒋　波／江苏第二师范学院教育科学学院

摘　要 《科研评价制度对一流大学建设高校教师创新行为的影响研究》以科研创新行为为切入点，聚焦制度实施层面，挖掘激发大学教师主动性科研创新行为的核心评价要素，揭示以动机、自我效能和角色认同为中介的影响机制，进而对比分析科研评价制度对不同学科领域、年龄阶段、层次大学教师创新行为的影响差异，在此基础上探寻我国大学科研评价制度系统、精准和分类改革的实践路径。

关键词 科研评价制度　创新行为　大学教师

科研评价制度是大学人力资源管理的核心内容，它能从根本上指引教师从事学术职业的行为及发展方向。[1]然而，当前我国大学科研评价制度多以工具理性为主导，采用自上而下的考核评价管理体系，大学的发展往往凌驾于教师的个人发展之上。工具理性的科研评价制度通常重管理轻服务，与教师内心真正期待的科研评价制度之间存在较大差距。[2]政策的制定是一个双向过程，既包括自上而下的过程，也包括自下而上的过程。科研评价制度只有以价值理性为主导，采用自上而下与自下而上相结合的考核评价管理体系，以教

师发展为中心，才能使教师的合理诉求和利益得到充分体现，进而获得教师的内心认同和自觉遵循。

江苏第二师范学院董彦邦博士的专著《科研评价制度对一流大学建设高校教师创新行为的影响研究》，重点关注对评价制度有着更直观和深刻体会的大学教师在研究过程中的合理诉求和利益关切。该书以大学教师的主动性和被动性创新行为为切入点，深入探究科研评价制度对一流大学建设高校教师创新行为的影响程度、机制、差异和原因。研究结果对系统、精准推进我国大学科研评价制度改革具有重要价值。

一、基于影响程度的大学教师科研评价制度系统改革

大学教师科研评价制度是由若干相互关联的规则性评价要素构成的整体，主要包括评价目的、对象、内容、方法、时期、结果等的表达与应用。[3]对科研评价制度的剖析，既不能仅从整体层面进行宏观分析，也不能仅片面考虑某个方面的评价要素，应对各个评价要素进行系统分析。然而，以往研究主要从评价目的着手，分析科研评价制度对大学教师创新行为的影响。

该书在评价目的之外，还从评价周期、方法、标准、指标、主体、客体、程序、结果应用等要素着手，探究其对大学教师科研创新行为的影响程度，挖掘激发大学教师主动性科研创新行为的核心评价要素，并深入探究科研评价制度对大学教师创新行为的整体影响程度。研究结果对系统性改革我国大学的科研评价制度具有重要的实践意义。

二、基于影响机制和影响原因的大学教师科研评价制度精准改革

根据班杜拉的三元交互决定论，个体行为不是外部环境单向作用的结果，而是外部环境与个体内部认知因素共同作用的结果。以个体行为及其内部认知因素为切入点，更能找准科研评价制度的症结所在。通过分析影响机制和影响原因，可以深入揭示外部环境与个体内部认知因素共同作用的过程：影响机制聚焦因果系统内部各要素之间相互作用的形式，通常借由中介

变量进行分析；影响原因旨在阐释作用产生的具体脉络情景。

该书在影响机制的分析方面，引入创新动机、创新自我效能感和创新角色认同三个变量，检验它们在科研评价制度对大学教师创新行为影响机制中的中介作用，并进一步比较它们所发挥的中介作用的程度。在影响原因的分析方面，结合访谈和案例，分别揭示中介效果较为理想和不理想的原因。研究结果对精准改革我国大学的科研评价制度具有重要价值。

三、基于影响差异的大学教师科研评价制度分类改革

分类评价使得大学教师科研评价摆脱了研究类型和学科领域的偏见，评价标准更契合不同教师知识生产过程，保障了评价过程和结果的专业性。[4]2020年2月，教育部和科技部联合发布的《关于规范高等学校SCI论文相关指标使用 树立正确评价导向的若干意见》提出，建立健全分类评价体系，坚决摒弃"以刊评文"，评价重点是论文的创新水平和科学价值。2022年，教育部等五部门联合发布的《关于开展减轻青年科研人员负担专项行动的通知》指出，"根据岗位特点分类设置评价指标，对履行岗位职责、参与的科研工作、发表的高水平论文、成果转化成效等情况均作为贡献予以认可，避免仅以有署名的成果作为考核评价依据，避免简单强调成果转化数量、金额"。

该书首先分析了科研评价制度对自然、工程、社会和人文四个学科领域教师创新

行为影响的差异；其次分析了科研评价制度对 35 岁及以下职业生涯早期、36—50 岁职业生涯中期和 51 岁及以上职业生涯晚期的教师创新行为影响的差异；最后分析了科研评价制度对中国顶尖大学和中国一流大学两个学校层次教师创新行为影响的差异。研究结果对有针对性地分类推进不同学科领域、年龄阶段、层次大学的科研评价制度改革具有重要的实践意义。

【作者简介】蒋波，男，江苏第二师范学院教育科学学院院长，教授，博士。

参考文献

［1］ 沈红，李玉栋.大学理工科教师的职业发展需要——基于"2014 中国大学教师调查"开放题的分析［J］.高等工程教育研究，2016（6）：126—132.

［2］ 刘莉，季子楹.现实与理想：目标群体认同视角下的高校科研评价制度［J］.高等教育研究，2018，39（3）：37—44.

［3］ 中国科学院科技评价研究组.关于我院科技评价工作的若干思考［J］.中国科学院院刊，2007（2）：104—114.

［4］ 靳玉乐，张良.论高校教师的分类评价［J］.国家教育行政学院学报，2016（7）：8—14.

"木·林·森"：教师发展文化的"幸福森林"图景

◎ 陈建华 / 苏州大学实验学校幼儿园

摘 要 本文以"木·林·森"幸福森林的教师发展文化为引领，理清"每一棵树都成材"的"木"之个体与"生生不息，三木成森"的"森"之群体之间的关系，依托"双木合抱成林"的互助合作、相携成长的方式，阐述了向着"向美、自然、共生"的"幸福森林"教育发展图景方向，个性化树"木"实现人人发展、全域化成"森"达成团队携手成长的创新性实践思路，具象诠释了关注个体、携手共进、全员发展的教师发展理念。

关键词 教师发展 幸福森林 教育图景

苏州大学实验学校幼儿园始建于 2016 年，2017 年正式投入使用。自办园以来，幼儿园厚植"向美、自然、共生"的办园理念与"幸福森林"的教学主张，全园上下一心，以成就共生的生态系统促进师幼健康发展为目标，使保教质量稳步发展，内涵建设成效明显。幼儿园致力于教师发展建设，逐渐丰富并形成了"木·林·森"教师发展文化系统。

一、"木·林·森"幸福森林教师发展文化诠释

习近平总书记对教师发展先后提出"四有好老师""四个引路人""四个相统一"的总体要求。在大格局、大视野、大情怀的感召指引下，我们以"幸福森林"为理想教育环境的意向，期待师幼获得更多希望和满足的共生长力量，从而培育生生不息的德美共生教师团队。

（一）"木·林·森"的含义

首先，"木"指团队中的每一位教师。"每一棵树都成材"是期待每一位教师都成长。每一位教师都与团队的整体队伍质量息息相关，在团队中处于重要的位置。每一位教师都有着自己独具特色的专业价值和专业才能。

其次，"林"是"木"成片的状态，更是团队的成长方式，"双木合抱"意指教师彼此成为同行的伙伴，相互支撑、互助合作、相携成长。

最后，"森"是伙伴同行、相互影响后不断壮大、生长的结果，意指"幸福森林"的教师团队生生不息、凝心聚力、蓬勃发展的美好样态。

（二）"木·林·森"三者之关系

一是从木到林，从林到木。由木组成林，木是林的基础单位，木是林的源头。林是木的安身之所，是承载木得以栖息的亲密家园。

二是从林到森，从森到林。由林不断汇集成众组成森，林是森的重要组成部分，森是林的聚集地，林因森的包容与不断吸纳、生长，有容乃大，得以组成森。

三是从木到森，从森到木。幸福森林源于每一棵树木的茁壮成长，只有每一棵树木都能成材才能成就幸福森林。幸福森林的生态环境和生态系统滋养、呵护着每一棵树木，使每一棵树木都能获得富足的营养，促成每一棵树都能幸福长成。

四是"木·林·森"彼此依赖、相互关联，是一个生命系统。每棵树的生命质量都会影响整个森林的幸福样态，而森林的幸福样态又紧密关联着森林中的每一棵树，使其和谐共处、相互影响、生生不息。

二、"木·林·森"幸福森林教师发展图景

"木·林·森"幸福森林教师发展主张形成"森态"教育生态系统，强调教师发展的互为相关、互为支持、互促共生。我们以"师德为先、能力为重、幼儿为本、终身学习"的师德标准为目标，呼唤"幸福森林"的大先生，期盼"知行合一，德美一体"的幸福森林教师团队。

一是共筑"向美"信念，培育师德师风育人典范。厚植精神自觉，催生文化自觉。塑造精神明亮、视野开阔的"向美"之师，促使团队的每一位教师秉承"身正为师、德高为范"的从业标准，将爱生爱岗行为统一于爱党爱国的信念之中，用师爱的光辉和温暖培育每一个幼儿，实现共同理想。

二是践行"自然"理念，发展教书育人示范群体。增强理论自觉，助推行动自觉。坚守儿童立场，引领团队教师聚焦课程建构，把握课程建设方向，遵循"自然成长"教育理念，优化教育行为，促进教育智慧生成，濡染儒雅睿智气质，努力形成每个人独特的教学主张。

三是传递"共生"力量，涵育教研科研模范先锋。深耕研究自觉，点燃成长自觉。建设专业发展伙伴共同体，彼此悦纳，彼此成就。全面推进教研主题化、科研课题化、培训系统化、研修一体化、信息全程化，传递"共生力量"，通过文化引领、师德浸润、项目联动、结对发展协同共进，辐射区域教育优质均衡发展。

三、"木·林·森"教师团队建设实践思考

（一）人人发展：主张个性化树"木"

1. 尊重个体，优势驱动长项发展

（1）兴趣推动。兴趣是最好的老师，鼓励教师以个别化、小组化的"话题""项目"为突破口，支持每一个教师自主选择感兴趣的项目灵活参与，如"生活活动话题教研"由喜爱烹饪、种植、饲养的教师主持；"森林列车"手工艺走廊的材料投放，由喜爱服饰的教师主导。兴趣激励教师推动个体潜能的开发，促进"幸福森林"看见每一个教师的成长。

（2）差异认同。每一个教师的家庭背景、成长历程、教育背景都不尽相同，因

此个性也千差万别。富有差异认同的教师成长环境允许教师以不同的速度、倾向、方式各自前行。较少地强求一律，给予教师必要的成长空间与时间，更有利于教师的自我成长，唤生百花齐放。

（3）特长驱动。激励教师对自我进行客观剖析，清晰地认识到自己的优势与专业特长。支持有专业特长的教师开展特别项目，彰显优势并带动全员教师发展。如让有美术特长的教师带领创美活动的集体审议，让有舞蹈特长的教师负责指导各班晨间集体舞的编排审核，等等，让教师优势发展，持续获得专业自信，积极在群体中树立威望，在组织相关领域的活动时更加游刃有余。

2. 克服障碍，聚力弱项渐优发展

（1）心态调整。教师发展既是一个需要持续发力的爬坡过程，更是一个不断调适心理并逐渐成熟的过程。每个人有长必有短，应以积极的心态正确地看待自己的弱项，淡化不足。允许教师对自己不够擅长的工作放低要求，放缓进度，小步慢行。建立多元、综合、全面的教师发展评价机制，助力教师平衡心态，形成稳定发展的态势。

（2）各个击破。面对集中呈现的不足或短板，以"聚焦问题"为策略，全面发力，各个击破。如针对大多数教师有效观察与灵活施教能力较弱的情况，教研组持续关注教师在晨间活动、集体学习、区域游戏、日常生活不同环节的教学，聚焦"有效观察"相互诊断，重点关注年级组长、教研组长，并逐层推进辐射到组内不同个体，各个击破，实现整体提升。

（3）对点扶持。针对教师的短板与不足，对点扶持，主张教师能分阶段面对自己的短板，同伴协力，相互结对，抱团前行。如针对教师师幼互动的短板，教研组带领教师反复研磨，让骨干教师组织同样的活动进行示范，让教师直观感受师幼互动的时机和多种办法，在多次反复琢磨的过程中体悟到师幼互动的艺术，有效协助教师跨越自己的沼泽区域。

3. 人文关怀，依据实情分段发展

（1）分层规划。对处在不同年龄层、不同骨干层的教师，其专业发展的需求与培育策略应各有侧重。幼儿园因人而异，为教师制订分层培育的教师发展规划，指向不同的发展目标，助力教师发展。

（2）责任分解。各项工作的高效落实，需要一个协同机制来促使各部门、各岗位达成一致，合力收效。每个人的精力与能力有限，岗位定责、责任分解、各司其职、轮流担纲能形成良好的正向工作机制，让每个人发挥其最佳的能力水平。

（3）特殊照顾。学前教育阶段以女性教师居多，幼儿园对处于生育期、生理期或有生活压力的教师予以特殊照顾，站在人文关怀的视角区别对待，为这部分教师缓解压力。

（二）携手成长：导向全域化成"森"

1. 突出团队文化引领，激发团队有生命地成长

（1）愿景文化。围绕"四有"好教师的建设目标，团队成员树立自己的短、中、长期目标，有针对性地进行自我规划，形成个人发展目标，并形成"一人为木扎牢根，双人并肩为林立，三人同行茂林森"的共同愿景，深化践行文化育人。

（2）制度文化。幼儿园梳理并修订《"木·林·森"四有好教师公约》《"木·林·森"

四有好教师考核办法》等，激励团队教师立足全视角、大教育、系统性灵活思维与建立敏锐问题意识与创新行为，高效运行制度育人。

（3）研修文化。幼儿园以培育"新时代大先生"为目标，支持团队教师自主自愿参加团队研修小组，并形成常态化的专题研修活动机制，助力综合实践能力提升，积极实施研修育人。

2. 建构团队修身课程，保障团队有方向地成长

（1）厚植教育情怀，党建引领树"木"。通过学习纲领性文件，幼儿园以"每一棵树都成材"为方向，带领团队走进红色教育基地、开展主题沙龙、举办师德专题培育等活动，帮助团队成员坚定教育理想与信念，厚植教育情怀与格局。

（2）传播教育美德，师德浸润育"林"。幼儿园以团队"党员示范岗"为先锋，充分发挥团队党员干部、党员教师的先锋模范作用；通过"最美成员"评选、美德故事分享、队员牵手共成长等活动，培养一批以行动树师德、成榜样的先进群体。

（3）专家带入实践，自我驱动成"森"。幼儿园牵手苏州大学教育学院李西顺教授、南京师范大学邱学青教授、苏州幼儿师范高等专科学校杨俐老师等，将师德师风建设与实际问题解决深度关联，全方位助推团队教师形成克服困难、持续钻研、修炼素养的内驱力，普遍革新教育行为，形成生生不息、彼此成就的和谐团队样态。

3. 实施园本课程改革，促进团队有行动地成长

（1）全域融通课程统整规划能力。习近平总书记在党的二十大报告中强调："育人的根本在于立德。"团队试图将幼儿德育与美育整合在一起，德育为先，美育为魂，故事为介，顺应德与美的自然融通，以生命为视域研究幼儿德美相融的"幸福森林幼儿德美育课程"，关注幼儿的幸福成长。以园本课程的规划与实施架构为土壤，团队集体审议与共同策划幸福森林德美育课程全域体系，以儿童视角，从"自己—朋友—自然—社会"对课程内容进行整体梳理与系统规划，遵循发展规律、厘清发展价值、梳理组织结构、拓展活动方式、组建资源环境，在不断丰富园本课程建设体系的过程中聚焦发展、整合思考、动态调整，有力地发展团队教师系统思维与整合规划能力，全面提升综合育人能力。

（2）全程关注师幼共创行动能力。尊重每一个幼儿，建构契合幼儿发展需求的适宜性课程，发现每一个幼儿的闪光点。我们以"共创"理念指引有质量的实践行动，在"幸福出发—幸福经历—幸福展览—幸福故事"的全过程关注师幼互动，突破团队课程建构短视、单线、低水平重复的局限，高质量落地环境构建、课程规划与专业辨识、课程评价与反思调整等综合能力的协同发展，助推园本课程落地的持续、深度与前瞻。

（3）科研统摄课程建构实践能力。针对团队当前"缺乏敏锐的问题意识，主动反思应策滞后"的课程建构乏力问题，依托团队省"十四五"教育规划重点课题"基于观察、辨识、回应的师幼互动实践研究"，找准问题的核心症结，使团队教师从传统的弹、唱、跳、演等专业技能中跳转出来，聚焦儿童观察基础上的科学辨识、

有效互动与专业支持。牢牢扎根一日活动各环节，聚焦"课程质量及有效的师幼互动"，切实转变教育观念，更新儿童发展观，潜心探究实践灵活、弹性、有助于幼儿实际发展需要的有质量的园本课程实践行动，实现"有效观察—敏锐觉知—主动反思—积极应策"的专业蜕变。

4. 朝向幸福成果规划，促进团队有目标地成长

（1）具象的同向共生。幼儿园以"木""林""森"以及三者之间的关系形象地将团队的精神成长与专业赋能自然融通，聚焦突出问题解决策略，同伴互助合作、携手共长，建立幸福伙伴关系，聚焦教师的专业素养与专业能力发展，从"彼此关怀、共生共长"的精神底色凝聚同向的可及目标，扎牢根基、唤醒内需、互为影响、持续发展，以培养一支德美一体高素养的教师队伍和培育一批在区域有影响力的优秀教育成果为共同目标，通过成果展示、现场交流等，从幼儿园、团队成员、幼儿三方面不断凝练成果，与区域内姊妹园共享建设成果，以此扩大引领的辐射性，带动区域教师共同发展。

（2）全育的核心创生。根植全面发展育人目标，聚焦"幸福的幼儿"研究，向着弹性、灵活、生本的创造性课程教师素养培育推进方向，积极研究创造性课程的新思路、新方法，将课程架构、资源融通、环境设置、领域互通、课程评价、师幼共长全面融合，既条分缕析又互联相关，有效将团队在课程目标、课程内容、实践方式等方面向先进性、创新性与科学性整体推进，体现时代教育家精神的责任与担当。

（3）协同的全员获得。锚定发展教师，强化担当，突出效益。我们以科研支撑、多方共建、资源共享的发展轨道，协同家、园、社与专家、团队的力量建立长效的教师发展目标，集中研究、制订回归育人根本的教师专业素养提升方案，扎根常态教育质量提升，聚焦班级观察与儿童发展研究，积累发现儿童、关注差异、全面发展的教育经验与典型案例，实施"以德润心、以美引善、以爱育爱、德美共生"的新型育人教育策略，破解"唯难题、唯论文、唯骨干"的难题，指向共同发展中的教师全员获得、各个发展。［本文系江苏省教育科学"十四五"教师发展研究课题"共生理念下的师幼互动策略与质量研究"（批准号：JSFZ-C31）的阶段性研究成果。］

【作者简介】陈建华，女，苏州大学实验学校幼儿园园长，江苏省特级教师，正高级教师。

参考文献

[1]《习近平总书记教育重要论述讲义》编写组.习近平总书记教育重要论述讲义[M].北京：高等教育出版社，2020.

[2] 朱小娟.幼儿教师反思能力培养研究[M].北京：教育科学出版社，2008.

[3] 教育部基础教育司.走进新课程：与课程实施者对话[M].北京：北京师范大学出版社，2002.

"自得课堂"教学模式培养历史解释素养的探索

——以《中国近代至当代政治制度的演变》一课为例

◎ 李　斌 / 江苏省泰州市第三高级中学

摘　要　基于孟子"深造自得"教育思想构建的"自得课堂"教学模式，通过自求、自悟、自得三个环节有机串联，为培养历史学科核心素养提供了有效路径。本文以部编版高中历史选择性必修 1《国家制度与社会治理》第 3 课《中国近代至当代政治制度的演变》为例，探讨如何在教学实践中培养学生的历史解释素养，为新课改背景下历史教学创新提供实践参考。

关键词　自得课堂　教学模式　历史教学　核心素养

普通高中历史课程标准修订组组长徐蓝认为，历史解释是在形成历史理解和认识的基础上叙述历史的能力，是检验学生的历史观和历史知识、能力、方法等方面发展水平的主要指标，是历史学科的核心能力。[1]培养学生的历史解释素养是高中历史教学的重要任务。基于孟子"深造自得"教育思想构建的"自得课堂"教学模式，旨在引导学生自主学习、自我体验与收获成长，与培养历史解释素养的目标高度契合。本文以部编版高中历史选择性必修 1《国家制度与社会治理》第 3 课《中国近代至当代政治制度的演变》为例，探讨在"自得课堂"教学模式下如何培养历史解释素养。

一、"自得课堂"教学模式的内涵

孟子提出"君子深造之以道，欲其自得之也"[2]，大意是强调君子希望自己有所收获，需要通过遵循正确的方法深入学习，最终实现自我提升与内在修养。在这里，孟子强调教育应注重学习者的主体性和内在驱动力的培养。这一思想与当代建构主义学习理论不谋而合，也为当前历史教学模式的创新提供了传统智慧。

笔者所在的研究团队基于这一理念，先后通过相关课题的研究，聚焦学生核心素养的养成，探索构建了"自得课堂"教学模式。在该模式的理论研究和教学实践中，逐步形成课前预习"自求"、课中探究

"自悟"、课后拓展"自得"的教学流程。该教学模式具有以下特征：

一是以学生为主体，激发自主意识。"自得课堂"强调学生是学习的主体，致力于激发学生的自主学习意识。与之相呼应，教师的角色定位也经历了一场意义深远的重塑，从讲授者转变为引导者和组织者。

二是注重学生体验，动态生成知识。区别于传统课堂的知识灌输，"自得课堂"摒弃了过往那种教师单方面强行灌输知识、学生机械记忆的刻板模式，营造出一片鼓励质疑、倡导探索的学习氛围，倡导知识在探究中动态生成。

三是着眼学生成长，多元评价赋能。"自得课堂"评价不仅关注结果，更重视学习过程的反思。通过学生自评、互评和教师导评，形成"自我感觉—自我认识—自我教育"的良性循环，促进学生的发展。

"自得课堂"通过重构师生关系、优化学习流程，不仅提升了教学效率，更指向了教育的本质，即培养终身学习者。在这一教学模式下，学生不再是被动接受知识的容器，而是成为历史探究的主动参与者。其价值在从"知识传递"向"素养生成"的转型中愈发凸显。

二、在"自得课堂"中培养历史解释素养的策略

（一）课前预习"自求"，以任务驱动引导学生理解教材文本

我国著名教育家叶圣陶先生强调预习对学生理解能力培养的重要性，认为预习过程中产生的困惑与思考能够激发学生的学习兴趣，提高学习效果。[3] 过去，历史教师布置学生预习任务时，习惯设计"填空式"的学案让学生阅读教材，并没有给予适当的引导。这种方式会造成学生预习没有明确的任务，抓不住学习的重点知识。

"自得课堂"教学模式将课前预习"自求"作为课堂教学展开的首要环节，让学生自主阅读，自我思考、理解并产生疑问，带着自己的理解参与课堂探究，这会促使学生抱着很大的热情去深化"自求"的知识。"自得课堂"要求教师明确预习任务，明确自主学习目标，为有效参与课堂探究做好知识储备。课前预习"自求"的过程有利于培养学生的历史解释素养。

基于"自得课堂"理念，笔者聚焦学生历史解释素养的培养，在《中国近代至当代政治制度的演变》学案设计中设置了以下层级化的预习任务：（1）政权沿革梳理：厘清中华民国政权更替脉络；（2）法律文本评析：解构《中华民国临时约法》的宪政突破与时代局限；（3）政治阶段比较：辨析国民党"军政—训政—宪政"的阶段特征；（4）红色政权演进：追溯中国共产党政权建设的实践轨迹；（5）制度创新阐释：解读新中国政治架构；（6）变迁规律探究：理解近代以来政治制度转型的历程。这样设计的意图有：

1. 推动学生从"史实记忆"向"历史解释"的能力跃迁，培养其基于实证的历史解释能力

引导学生在预习的过程中运用历史解释的方法，通过教材研读，筑牢史实基础，对中国近代至当代政治制度的变迁进行初

步分析。学生在预习"自求"的过程中，通过教材以及其他相关学习资源，对基本知识、历史概念有了一定的了解，并形成对历史的认识，也会产生一些疑问，这就激发了学生学习的愿望，为接下来课堂深入探究奠定基础。

2. 诊断学生从"碎片化认知"向"系统性解释"的发展情况，提升课前预习"自求"的品质

教师通过这样的设计借助预习反馈精准定位学情，研判课堂教学中的研讨主题，使课前准备成为深度学习的有机组成部分。如此一来，教师课前精心筹备的预习活动不再孤立于正式课堂之外，而是与后续的教学进程无缝衔接，自然而然地成为深度学习链条中不可或缺的有机组成部分。

（二）课中探究"自悟"，问题导向推动学生理解真实情境

"自悟"是一个人学习、思考、实践、想象等综合体验的过程。学习只有悟才能将学习的知识融会贯通、举一反三、激发灵感、启迪智慧，这样才能达到学习悟道的效果。有了悟性就抓住了学习的最佳方法，抓住了学习之魂。课中"自悟"是利用已有学科知识去推导、发现新的知识的过程。新课改要求教师改变传统教学的习惯，变传授为探究，在探究中深化已有知识、掌握新知识。"自得课堂"适应这一变化的要求，倡导教师在课中提供丰富的史料，创设真实的问题情境，引导学生自主学习与合作探究，"辩证、客观地理解历史事物，不仅要将其描述出来，还要揭示其表象背后的深层因果关系"[4]。

史料是历史解释的基石。"自得课堂"

主张教师精心筛选如文献、历史地图、回忆录等不同类型的史料，引导学生进行对比、互证分析。笔者在《中国近代至当代政治制度的演变》第一子目"民国时期的政治制度"课堂教学设计中，选取以下史料，设计了问题情境和探究活动：

材料 1911年11月，山阳（今江苏淮安市淮安区）原知县姚荣泽假意革命，并借机杀害革命青年周实、阮式，后案发。

1912年初，上海沪军都督府都督致电大总统，坚决要求将姚荣泽严厉惩罚。南京临时政府司法总长初步了解事件后，回电称："民国方新，对于一切诉讼，应采用文明办法。况此案情节重大，尤须审慎周详，以示尊重法律之意。拟由廷派精通中外法律之员承审，另选通达事理、公正和平、名望素著者三人为陪审员，并准两造聘请辩护士到堂辩护。审讯时，任人旁听。如此，则大公无私，庶无失出失入之弊。"

1912年3月23日，此案在上海南市市政厅正式开审。除3名裁判官外，还有7名陪审员，以及原告律师和被告律师参与庭审。7名陪审员中4人同意对姚荣泽法外施恩，4人还在庭外上书总统袁世凯（当时孙中山已辞职），请求赦免姚荣泽的死刑。最终，法庭判姚荣泽终身监禁。3个月后，姚荣泽被特赦出狱。

——据付杰、李唐《法治理想与现实的碰撞 姚荣泽案："民国第一大案"的启示》等整理

（1）根据材料，概括"民国第一大案"中的"文明办法"。

（2）根据材料并结合所学知识，以民国初年法治的"理想与现实"为主题，谈

谈你对该案结果的看法。

问题是思维的引擎。教师围绕教学重难点设计环环相扣的问题链，引导学生层层深入剖析历史事件。笔者选择"姚荣泽案"作为切入点，进行以上教学设计的意图有：

1. 以真实案例创设沉浸式问题情境，激发学生自主探究动力

"自得课堂"强调通过真实历史情境驱动深度学习。"姚荣泽案"涉及民国初年司法制度的核心特征（陪审制、律师辩护、公开庭审），体现新旧法治观念的碰撞，具有典型性。通过这一鲜活案例能打破教材扁平化叙事，能激发学生"代入式探究"，主动追问"为何看似文明的程序却无法实现正义"，驱动学生的学习动机。同时，该案件司法程序"文明化"与判决结果"人治化"的矛盾，直指法治理想与政治现实的张力，具有冲突性。案件涉及多方势力（革命党、袁世凯政权、传统士绅），能引导学生多视角分析、客观评判问题。

2. 任务驱动下进行思维进阶训练，培养学生的历史解释素养

通过以上探究活动设置阶梯式问题链，契合"自得课堂"从知识解码到价值反思的思维进阶路径。其中问题（1）概括"文明办法"，旨在训练学生的史料实证能力，聚焦提取关键信息（如陪审制、律师辩护、公开审理等司法程序）。学生通过自主阅读材料，提炼关键信息，归纳民国法治的"理想化设计"，为后续批判性思考奠基。问题（2）分析法治的"理想与现实"，旨在培养学生的辩证思维与历史解释能力，引导学生结合所学知识，如《中华民国临时约法》的局限性、袁世凯集权等背景，

分析司法独立与政治干预的博弈。学生须根据材料并结合所学知识，"客观论述历史事件、历史人物和历史现象，有理有据地表达自己的看法"[5]。"自得课堂"倡导小组合作学习，学生在小组内交流观点，在合作互动中提升历史解释能力。

（三）课后拓展"自得"，"学史鉴今"激励学生持续成长

"自得课堂"在课后拓展"自得"环节，反对以单纯的布置课后作业来完成该环节的学习，而是倡导教师创设情境，提供史料或者引导学生自己搜寻史料，通过史料解读达到情感的升华，让学生在独立解决问题中提升历史解释的全面性与深刻性。笔者在教学《中国近代至当代政治制度的演变》后，设计了以下作业：

材料 新民主主义革命时期，中国共产党在领导民族独立和人民解放的革命过程中，先后创建了中华苏维埃共和国、陕甘宁边区政府等具有全国指导性的局部政权，形成了具有鲜明特色的局部执政的国家制度和治理体系，为巩固根据地建设，促进中国共产党领导的革命事业发展发挥了重要作用，也为中华人民共和国成立后国家制度和治理体系的构建奠定了基础、积累了经验。

——摘编自程天甜、张正光《新民主主义革命时期中国共产党探索国家制度和治理体系述论》

作业：学校要举办"新民主主义革命时期中国共产党探索国家治理"的展览，请你结合上述材料和所学知识选取中国共产党在新民主主义革命时期的任意一个政权，自拟一个布展主题并创作布展词。（要求：主题

正确，运用材料，史实准确，逻辑清晰）

深度学习理论强调"学习活动的设计必须让学生有解决实际问题的经历和体悟"[6]。笔者设计以上课后拓展作业的意图有：

1. "自得课堂"主张通过角色体验促进深度共情、多元思辨，深化历史理解

拓展作业将学生置于历史阐释者的角色，要求学生以"策展人"的身份通过主题提炼、史料组织等策展过程，深度理解新民主主义革命时期中国共产党在政权建设中的制度创新。这种课后的沉浸式学习能激发学生从被动接受知识转为主动建构知识。

2. "自得课堂"联结现实与价值引领，注重历史学习的现实关怀

布展词创作要求体现"自得课堂"对历史解释能力的培养。学生须立足所选政权的制度建设（如中华苏维埃共和国的选举制度），分析其"局部执政"特征，进而揭示其与新中国国家治理体系的历史关联，通过多维度分析提升历史解释的全面性。此外，通过梳理党在革命时期的治理探索（如陕甘宁边区民主实践），引导学生在实证分析中理解中国共产党执政合法性的历史根源，感受制度创新的延续性，实现"自得课堂"倡导的"情感升华"，增强政治认同和制度自信。

综上所述，"自得课堂"教学模式通过课前预习"自求"、课中探究"自悟"、课后拓展"自得"三个环节有机串联，为培养历史学科核心素养提供了切实可行的系统化路径。这一模式既体现了传统教育智慧的现代价值，也回应了新课改对历史教学的新要求。在"自得课堂"实践过程中，教师需要根据具体教学内容和学生特点，灵活运用各种教学策略，实现核心素养培养与知识传授的有机统一，切实完成历史课程立德树人的根本任务。[本文系2021年度江苏省教育科学"十四五"规划立项课题"'双减'背景下高中'自得'课堂教学的实践研究"（编号：D/2021/02/483）的阶段性研究成果。]

【作者简介】李斌，男，江苏省泰州市第三高级中学书记，教育部名校长工作室成员，长三角中小学名校长高级研修班学员，教育部高校师范专业认证专家，"江苏省教育家型校长创新培育计划"培养对象。

参考文献

[1] 徐蓝. 教学相长：徐蓝教育教学研究论集[M]. 北京：世界知识出版社，2019.

[2] 傅佩荣. 傅佩荣译解孟子[M]. 北京：东方出版社，2012.

[3] 叶圣陶. 叶圣陶教育文集[M]. 北京：人民教育出版社，1994.

[4][5] 中华人民共和国教育部. 普通高中历史课程标准（2017年版2020年修订）[M]. 北京：人民教育出版社，2020.

[6] 刘月霞，郭华；教育部基础教育课程教材发展中心，课程教材研究所. 深度学习：走向核心素养（理论普及读本）[M]. 北京：教育科学出版社，2018.

重构空间·激活变革·赋能成长

——以空间优化驱动幼儿园高质量发展的实践探索

◎ 毛敏华 / 江苏省常熟市昆承幼儿园

摘　要　园所高质量发展不仅需要思维上的突破，更需要脚踏实地的行动。本文探讨了如何基于儿童立场构建一种支持幼儿成为主动学习者的环境，让活动空间转化为重要的课程建设资源，从而赋能幼儿的发展、教师的成长以及园所的整体提升。通过重构物理空间、拓展关系空间和融通成长空间，昆承幼儿园构建了支持幼儿探究式学习的"生态场"，满足幼儿探究学习的个性化需求。同时，教师通过分层研修、项目式教研和梯队式培养，实现了从理念更新到专业蝶变的成长。空间优化不仅是物理环境的改造，更是教育理念和教学模式的革新，为幼儿园的高质量发展提供了可借鉴的实践经验。

关键词　空间优化　幼儿成长　教师专业成长　幼儿园高质量发展

随着学前教育改革的深入推进，幼儿园教育质量的提升成为社会各界关注的焦点。幼儿园作为儿童早期教育的重要场所，其空间环境的设计与优化直接影响着幼儿的学习与发展。皮亚杰曾指出，环境应成为儿童主动学习的实验室。基于此，昆承幼儿园（以下简称"昆幼"）以江苏省基础教育内涵建设项目"优化活动空间支持幼儿探究式学习的实践"（幼儿园课程游戏化项目）的推进为例，阐述了幼儿园空间优化的具体措施及其对幼儿学习和教师成长的积极影响，探索了一条以空间优化驱动幼儿园高质量发展的实践路径，旨在为其他幼儿园提供可借鉴的园所管理策略，推动幼儿园教育质量的全面提升。

一、幼儿成长：从空间优化到赋能成长

空间优化的核心是以儿童为中心，通过用心规划、动态生成和资源融通，让园所空间成为"会说话"的课程资源。

（一）重构物理空间，打造探究学习的"生态场"

空间的再造往往蕴含着教育意义。昆幼拥有江南园林式的户外空间、宽敞开阔的连廊空间和别具特色的班级空间。基于《3～6岁儿童学习与发展指南》中"珍视游戏和生活的独特价值，创设丰富的教育环境，合理安排幼儿一日生活"的原则，

昆幼从幼儿五大领域核心经验发展目标出发，对室内外空间进行了核验、规划和调整，逐步构建了支持幼儿探究式学习的生态场。首先，关注各个区域的核心教育价值。根据小中大班幼儿探究学习的特点，对应幼儿五大领域核心经验发展进行规划和设置。其次，关注各个区域在承载核心教育价值的同时是否指向了幼儿的全面发展。如阅读区除了听说读写，还融入社会交往、艺术创作、表演和统计等，实现空间价值的复合化。最后，关注各个区域环境的创设和材料的投放，对各个区域的主色调和主材进行了规划和审议，制订了各个区域材料投放与活动指引，按幼儿兴趣分层投放，支持幼儿的个性化探究。

1. 班级区域空间弹性化

班级是幼儿日常学习、生活和游戏的主要场所。昆幼致力于打造一个安全、舒适且富有召唤性的班级区域空间。首先，运用《区域环境评估量表》审视班级空间资源，对班级活动室、午睡室及班级周边的阳台、走廊和小角落等场地进行科学合理的划分，形成适宜的空间布局和功能定位，绘制空间优化前后对比平面图。其次，灵活配置活动柜、材料架和桌椅等各类设施，体现自然适宜、动静分离、灵活互通、通道流畅等原则。最后，链接课程内容，提供丰富而有意义的材料，以适应不同探究学习内容、形式和场景的需求；还可打破传统"固定区域"模式，通过灵活隔断、材料重组，让幼儿与新任务互动，形成可变的"纯空间"、交融的"活空间"。如大班幼儿在科学区探索了造纸术后，科学区和语言区进行联动，幼儿根据订单自主设计出彩色的花草纸、香香的桂花纸，产生更多的创意探究。

2. 户外区域空间生态化

户外是一个生机勃勃的自然空间。昆幼从规划入手，将户外活动空间与幼儿核心经验进行有效链接，绘制了昆幼户外空间手绘地图。在此过程中，充分征求幼儿和家长的意见，采用亲子设计大赛、"未来幼儿园设计展"等形式，让幼儿参与空间规划、优化和利用的全过程。如满足幼儿"建一座高高的在树上的房子"，打造一个很大的农耕园，在山坡上增加冒险滑索等新的想法。空间的优化是动态可变的过程，空间布局和探究材料会随着探究主题的推进更新和补充。比如"农耕园"课程中，以四季时序为线索，让幼儿在多样化的种植、饲养、美食制作和野趣游戏中，感受四季劳作的智慧，在空间资源与儿童经验之间建立起一条自然、适宜且充满挑战的通道。

3. 室内公共空间主题化

室内公共空间主要是专室、连廊和大厅等区域，昆幼采用连接、隔断、设置、精简等七大策略，逐步构建了一个个用主题串接的教育场景：阅读吧、布艺家、角色长廊以及生活室、棋吧等。这种共享式的公共区域空间，须持续整合多元资源，通过系统性的教研支持，形成小中大班幼儿都能进行深度探究的公共空间，使之成为幼儿探究学习的"第三位教师"。为了"让幼儿的学习看得见"，教师鼓励幼儿有意识地去发现、命名、分享和用创造性的符号进行表达，形成了"100个儿童100个问题""100 个孩子 100 种探究""毕业前要做的 100 件事""我们的 100 个游戏故事"等多种表征来呈现幼儿的学习成长历程。

（二）拓展关系空间，构建多维对话的"活场景"

空间优化的本质是重构儿童与环境的互动关系。昆幼通过"材料—任务—规则"的动态设计，让空间成为激发幼儿探究的"催化剂"。

1. 探究材料的开放化

沙水区的自然材料、木工坊的工具材料、多多花园的种子标本等各种探究材料，均按幼儿兴趣分层开放式投放，支持幼儿在与环境的互动中进行个性化探究，激发更多的学习能量。例如，春季，树下采集海棠、唯美的赏花地图、灵动的干花书签，凝聚着幼儿对自然美的热爱。秋季，幼儿在教师的支持下，演绎了一场场关于收获的创意故事：石榴熟了，幼儿用来榨汁、染色，然后制成布艺品；棉花熟了，幼儿把它们收下来，晒干，做成好看的小饰品；桂花开了，幼儿开心地收起来，做桂花香囊、桂花糕、桂花糖藕和桂花香水。开放的探究材料，让幼儿在多样化的种植、饲养、扎染、制作和野趣游戏中，充盈起一个个富有灵气的成长故事。

2. 探究任务的挑战化

在树屋改造项目中，昆幼从亲子设计大赛开始，让幼儿体验"设计—建造—功能开发"的全过程，实现空间教育价值的复合升级。树屋建成初期，幼儿只对树屋的体锻功能进行了反复尝试，从教育价值来考量这显然是不够的。于是，教师邀请

幼儿一起参与"树屋还可以怎么玩"的讨论，生成了集体教学活动"树屋游戏新设计"，幼儿再次开发了树屋的科学探究、阅读体验、创意体锻和角色游戏等新的功能价值。在这样的活动中，教师常常惊叹于幼儿的创造力，深刻体会到"要相信孩子，向孩子学习"的教育理念。

3. 探究规则的共建化

昆幼充分征求教师的意见建议，努力让幼儿、材料、任务和规则发生变更，变得复杂化。当园部把选择权交给班级时，线上秒杀、自由互换、两两结对、复合联动等新的预约模式就产生了。这些由师幼自主参与制订的规则，更能满足幼儿个性化探究学习的需要。在对外开放的游戏区域里，设立了接待员和开放的体验内容，还用上了昆幼币和小存折等新的机制。幼儿通过"预约—体验—记录"自主管理游戏区域，在模拟社会交往中培养责任感，获得更多的成长机会。

（三）融通成长空间，实现学习边界的"开放化"

昆幼打破室内外、班级间的界限，支持幼儿探究学习的多元路径和个性表达，努力构建"无边界学习生态"，提高幼儿玩的选择性、说的丰富性和做的创造性。

1. 跨班联动组合融通

中 5 班幼儿的"破木船奇遇记"起源于对船的探究活动。幼儿对一艘户外的破木船进行了搬运、清理、修补和美化，开展了一场富有创意和挑战的大工程。在探究过程中，中 5 班的幼儿联合大班幼儿一起，对破木船进行修复和美化，在沙地里

开挖"大河"，还干起了"引水"工程，形成了混龄合作学习新样态。这种组合融通的学习方式，让幼儿实现了一种更为自由自主的深度学习体验。这是课程资源的重组、学习方式的重建，是幼儿与学习空间自然对话的过程，也是幼儿自主、连续建构多元经验的历程。

2. 家园共创合作空间

昆幼将家长作为幼儿教育的共同责任人，变陪伴者为合作者，有效缔结亲子教育同盟。在对未来幼儿园的规划设计中，幼儿对"夜光派对"产生了浓厚兴趣。于是，我们邀请家长共同参与分工合作，当天幼儿回家后，请家长为他们化好妆，把他们最爱的小汽车、小摩托带到幼儿园来开展花车巡游，同时，邀请家长来园为幼儿拍摄和开直播等。这样的活动不仅能为幼儿的快乐童年带来更多体验，也促使家长有效发挥教育能量场，为项目推进提供广阔的教育新空间。

二、教师成长：从理念更新到专业蝶变

（一）理论学习：夯实课程改革的基础

1. 分层研修

围绕《幼儿园教育指导纲要（试行）》《3～6岁儿童学习与发展指南》《幼儿园保育教育质量评估指南》和江苏省幼儿园课程游戏化建设六大支架，借助"一日一观察""一周一交流"等分层实施的专业化研修，助推教师在对话中交流思想、审视日常，用文件精神指导解决实践中的问题，寻教育支点，探教育策略。

2. 一书三读

昆幼大力开展教师读书活动。通过"自主研读—伙伴共读—实践深读"的阅读模式，昆幼精研皮亚杰的认知发展理论、项目式学习的理论基础、教育空间再造等理论，以及《看得见儿童，找得到课程》《师幼互动的有效策略与方法》等专业书籍，促进教师自主思辨、实践应用和经验分享，力求以高品质的师幼互动支持幼儿的学习与发展，提升教师的课程学习力、设计力和执行力。

3. 专家引领

依托省内外课程指导专家的定期指导，昆幼认真制订项目实施的任务书、路线图和时间表，一步一个脚印地完成好每一项研究任务，使项目的推进在专家的指导下始终保持正确的方向。

（二）实践创新：激发教师团队的创意

1. 项目式教研

昆幼紧扣空间优化、探究式学习两个关键点，以"破木船""树屋改造"等真实问题为驱动，组织教师开展持续性项目式教研。通过期初发放问卷调查，梳理出当前教师感到最真实、最困惑的问题，形成教研问题连续体，以儿童为中心，以问题为研究对象，解决一个个支撑性问题，构建新的知识和经验体系，使全员对项目的理解由混沌走向澄明，提升教师群体的观察力、思辨力和实践能力，形成"找问题—审空间—研儿童—寻路径—链经验"的行动路线。

2. 梯队式培养

昆幼开创了启航工程、续航工程和远航工程三级梯队培养工程，着力培养一支有思想、肯钻研、能创新的教师团队。值得骄傲的是，教师在引领幼儿探究学习的过程中爆发出无穷的创意和能量。教师走

进大自然、走向杂货铺，收集了大量线状材料和花草枝叶果等自然材料，为幼儿的创意制作和主动建构经验提供养分。近三年，幼儿园市级以上骨干教师比例提升12.8%，呈现出不断向上的发展势能。

（三）机制保障：构建高质量发展的平台

1. 空间管理制度

昆幼编制了《优化活动空间支持幼儿探究学习操作指南》，明确环境设置、材料投放和区域管理等的操作流程，帮助教师由表及里地理解项目核心概念，并通过"定期观摩""稚荷讲坛""师德演播室"等交流平台进行分享，促进经验共享。

2. 成果激励制度

昆幼设立"学年考核制度""成果奖励制度"等，以机制创新促系统管理，帮助教师明确激励机制，促进实践自觉，鼓励教师发表论文、展示公开课。

三、园所发展：从文化引领到创新实践

文化是园所高质量发展的精神内核。只有扎根地域、凝练特色，才能实现从优质到卓越的跨越。

（一）传承与发展：根植地域资源，凝练园所文化

昆幼注重传承与创新相结合，深入挖掘园所的历史底蕴和文化内涵。一是创作"小荷"园歌和园标，将"和而不同，和谐发展"的理念融入环境与活动，形成独特的文化符号。二是围绕"藕渠渔乐"的地域特色打造了一方荷塘，开发"四季荷塘"探究课程，让幼儿在春种夏观、秋收冬创中体验荷的四季生长变化，对"荷文化"产生高度认同感。

（二）实践与创新：创新实践模式，擦亮教育品牌

昆幼积极探索项目式探究式学习等新的学习模式，为幼儿园的发展注入新的活力。

昆幼以空间优化为支点，以儿童成长为中心，以教师发展为引擎，以文化赋能为底色，书写了一份高质量发展的"昆幼答卷"。未来，昆幼将继续以"荷"为媒，以"变"为帆，力争让每一处空间生长希望，让每一次变革激活成长，让每一颗童心绽放光芒！［本文系2023年江苏省基础教育内涵建设项目"优化活动空间支持幼儿探究式学习的实践"的研究成果。］

【作者简介】毛敏华，女，江苏省常熟市昆承幼儿园园长，党支部书记，高级教师，苏州市学科带头人。

参考文献

［1］秦兰.关于"儿童立场"教育理念的再思考［J］.早期教育（教育教学版），2018（11）：13—14.

［2］让·皮亚杰.儿童的心理发展［M］.傅统先，译.济南：山东教育出版社，1982.

［3］张俊.看得见儿童，找得到课程［M］.南京：江苏凤凰教育出版社，2021.

"家校政社"协同视域下高中生法治素养培育研究

◎ 肖丽英 / 江苏省太仓高级中学

摘 要 新时代我国高中生法治素养整体有所提升,但在培育过程中也存在一些问题。江苏省太仓高级中学基于协同育人的理念,构建了"政府主导—学校主体—多元互动"的法治素养培育的"家校政社"协同模式。本文从校家协同、校政协同、校社协同等方面具体阐述了该校在高中生法治素养培育方面的实践探索。

关键词 "家校政社"协同 法治素养 实践探索

法治素养是拔尖创新人才培育的一个重要方面,有着良好法治素养和社会责任感的创新型人才更能行稳致远。高中生法治素养的培育是个系统工程,需要学校、家庭、社会、政府的共同参与。基于此,江苏省太仓高级中学(以下简称"省太高")构建了"政府主导—学校主体—多元互动"的法治素养培育的"家校政社"协同模式,并在校家协同、校政协同、校社协同等方面对培育高中生法治素养进行了实践探索。

一、高中生法治素养培育的现状

(一)法治素养的内涵

2016年《中国学生发展核心素养》发布,我国基础教育进入核心素养时代。法治素养作为学生发展的重要素养之一,对提升学生的社会参与能力、问题解决能力发挥着重要作用。那么,什么是法治素养呢?有的人把法治素养等同于法律认识(知识),认为法律知识越多,法治素养就越高。这是从知识视角理解法治素养。王莹莹、王飞认为,所谓法治素养,就是一种能力,是在掌握基本的法律知识和法律技能的基础上,主动运用这些知识和技能来处理问题的能力。[1]这是从能力视角理解法治素养。宋晓明、田童认为,法治素养是一种综合素质和能力,按照对法治的信仰、认知、深化、实践这一逻辑,主要体现在法治信仰、法律知识、法治观念、守法用法四个方面。[2]这是从素养角度理解法治素养。根据以上几种对法治素养的理解,结合高中生身心发展状况,本文认为,高中生法治素养是必备知识、关键能力、态度信仰的统一，主要包括法律知识、法治观念、用法能力、法治信仰四个方面。

（二）高中生法治素养培育的现状分析

在全面依法治国的背景下，我国高度重视高中生法治素养培育。《青少年法治教育大纲》指出，要"在中、高考中适当增加法治知识内容，将法治素养作为学生综合素质的重要组成部分"。部编版高中思想政治教材关于法治方面的内容也有所增加，必修3《政治与法治》、选择性必修2《法律与生活》对我国社会主义法治进行了系统介绍，着力培育和提升高中生的法治素养。可以说，新时代以来，我国高中生法治素养整体有所提升，但也存在一些问题，需要我们正视与解决。

为深入了解高中生法治素养培育现状，杨伟东等对河南省普通高中学生进行了问卷调查，结果表明：学生在法治情感维度上得分最高，但法治认知水平有待提升；学生在法治认知维度上整体得分水平波动较大，对社会主义法治的内涵与原则了解不深；学生在法治情感维度上整体得分较高，对社会主义法治的认同处于高位；学生在法治行为维度上整体得分水平参差不齐，法治认知的实践转化存在不足。[3]从以上结果可以看出，新时代我国高中生的法治素养仍有待提升，究其原因，除了教师法治素养不高、学校法治教育重理论轻实践、法治教育存在区域差异等，更主要的是在法治素养的培育方面尚未形成一套完善的培育体系，没有充分发掘政府、社会、家庭等培育主体的优势[4]，未充分形成"家校政社"协同培育法治素养

的新格局。

二、"家校政社"协同视域下高中生法治素养培育模式的构建

《青少年法治教育大纲》指出，要将法治教育全面纳入国民教育体系，构建系统完整的法治教育体系，加强政府部门、学校、社会、家庭之间的协调配合。如何构建"家校政社"协同育人新格局？谁来协同？怎么协同？协同治理理论认为，协同治理是指"处于同一治理网络中的多元主体间通过协调合作，形成彼此啮合、相互依存、共同行动、共担风险的局面，产生有序的治理结构，以促进公共利益的实现"[5]。基于此，省太高构建了"政府主导—学校主体—多元互动"的法治素养培育的"家校政社"协同模式。

该模式以法治素养培育为目标，以各种机制为保障，促使学校培育与政府、社会、家庭培育协同进行，提升高中生法治素养培育效果。具体而言，政府居于主导地位，通过制定相关政策、文件，明确法治素养培育的目标、内容，以及各方的地位与责任；学校发挥主体作用，通过转变法治教育理念、强化法治教育实践、建立法治教育协同机制，充分发挥校家协同、校政协同、校社协同作用，有效利用各方资源；社会是法治教育的依托，良好的社会法治环境、充分的社会法治教育资源，是法治素养培育的重要依托；家庭是法治教育的基础，家庭的教育理念、家庭成员的法治行为与法治认知，对青少年产生潜移默化的影响。

三、"家校政社"协同视域下高中生法治素养培育的实践探索

在"政府主导—学校主体—多元互动"的法治素养培育的"家校政社"协同模式中，学校发挥着主体作用。学校对学生的法治素养状况更为了解，由学校来协同多方更具可行性、意义性，更能够满足学生对法治教育的需求，提升学生的法治素养。因此，本文拟从学校角度谈谈省太高是如何进行家庭、学校、政府、社会协同的。

（一）创新"家长进课堂"课程，深化校家协同

苏霍姆林斯基曾说："最完备的教育模式是'学校—家庭'教育，学校和家庭是一对教育者。"家长是重要的教育资源，省太高创新"家长进课堂"课程，积极发挥家长在学生法治素养培育中的作用。

1. 拟订方案，科学规划

学校牵头召开"学校—家长—学生"三方会议，就"家长进课堂"课程的目的、内容、实施方式等进行交流研讨，最终形成《"家长进课堂"课程方案》。根据学生发展核心素养的要求，以及学校学生的具体情况，省太高把"家长进课堂"课程内容分为四类：职业规划类、生活教育类、心理教育类和法治教育类。各班级可以根据家长资源的不同有所侧重，但尽量包括这四类，这样既可以满足学生发展的需要，也有利于充分发挥家长的资源优势。

2. 年级组织，积极开展

根据《"家长进课堂"课程方案》，各年级组开展周末家长进课堂，以班级为单位

进行，班主任居中协调。首先，班主任发布"'家长进课堂'一起写"，家长在四类课程内容中选择一类进行填写，并确定好具体题目。接着，班主任根据家长确定的主题进行合理排序，安排好每位家长进课堂的具体日期，并通知家长做好相关教学准备。最后，每周日 21:00—21:30，家长进课堂与学生进行交流互动。各班家长中不乏律师、警察、法官、检察官等，他们从自身工作经历出发，给学生带来生动别致的法治课堂，弥补了学校法治教育的不足，这对学生法治素养的形成具有重要意义。

（二）开展"学科月""宣传周"活动，深化校政协同

1. 以"学科月"为依托，强化法治教育实践

每学年省太高各学科都会开展一次"学科月"活动，深受学生的喜爱，他们积极参与其中，感受学科的魅力。学校政治组以"学科月"为依托，积极与太仓市人民法院进行沟通协同，深入走进太仓市人民法院，开展法治教育实践。2021 年 5 月 12 日，学校组织学生到太仓市人民法院参加观摩庭审等活动。在法院工作人员的带领下，学生在刑事法庭旁听席就座，法院工作人员借正式开庭前的空余时间为大家讲解了审判法庭的组成人员，以及整个法庭的格局布置、法庭审判的步骤和必要程序。学生还参观了智能化的便民服务大厅。在大厅里，服务窗口众多，有跨域立案、立案审查、立案登记、执行接待等窗口，还有大数据支持下的智能化平台。学生可以明显地感受到我国司法机关秉持着公平正义的理念，更好地为人民服

务。此次参观之旅，对学生来说是一次很好的法治拓展课程，强化了学生的法治意识，有利于让尊法、守法成为全校学生的共同追求和自觉行动。

2. 以"宣传周"为契机，营造法治教育氛围

每年5月的第二周是江苏省青少年法治宣传教育周，教育局会下发文件对学校开展法治教育提出要求。以此为契机，省太高积极开展各类法治教育活动，加强青少年法治教育：一是开展法治副校长进校园活动；二是开展青少年法治教育精品课评选活动，组织教师围绕保护未成年人合法权益、预防未成年人犯罪、防范欺凌等宣传重点，录制法治教育精品课；三是开展法治黑板报（手抄报）、法治征文活动，动员全体学生积极参与，并进行颁奖鼓励。

（三）充分利用社会资源，深化校社协同

1. 积极"请进来"，开展法治教育讲座

在每年的国家宪法日、《民法典》宣传月、反对校园暴力和欺凌包括网络欺凌国际日等重大时间节点，省太高会邀请专家学者来校开展宪法、《民法典》、刑法等方面的法治内容讲座。丰富多彩的法治讲座不仅丰富了学生的法律知识，提升了学生学习法律的兴趣，也增强了学生尊法、学法、守法、用法的法治观念。

2. 勇敢"走出去"，走进法治教育基地

法治教育要把学校的法治小课堂与社会的法治大课堂相结合，勇敢"走出去"，开展各类法治教育社会实践。太仓市有诸多法治文化建设示范点，如城厢镇西区社区党建法治长廊、璜泾镇联捷新程法治文化园等，苏州市的这类法治教育基地就更多了。在每年的社会实践日或寒暑假，学校会组织学生前往法治教育实践基地参观学习，感悟我国法治建设的历程，自觉参与我国的法治建设。

【作者简介】肖丽英，女，江苏省太仓高级中学副校长，正高级教师，江苏省"333高层次人才培养工程"第三层次培养对象，姑苏教育青年拔尖人才。

参考文献

［1］王莹莹，王飞.国民法治素养内涵研究［J］.产业与科技论坛，2016，15（11）：31—32.

［2］宋晓明，田童.公民法治素养培育：时代价值、内涵意蕴、实践理路［J］.中共银川市委党校学报，2023（3）：78—86.

［3］杨伟东，贾银蕾，刘晓菲.普通高中学生法治素养培育现状调查研究——基于河南省2983份问卷的数据分析［J］.教育参考，2023（5）：20—26.

［4］苏守波，马任飞.基于协同育人理念的青少年法治素养培育体系［J］.中学政治教学参考，2020（18）：56—58.

［5］张仲涛，周蓉.我国协同治理理论研究现状与展望［J］.社会治理，2016（3）：48—53.

铁军精神涵育养正少年的校本实践

◎ 葛秀兰 / 江苏省盐城市腾飞路小学

摘　要　在全球化与信息化交织的背景下，青少年的价值观教育面临多元文化冲击。盐城市腾飞路小学立足地域红色资源，以新四军铁军精神为核心，探索德育创新路径，构建"铁军精神涵育养正少年"的校本实践体系。通过文化浸润、课程涵养、活动锤炼与评价激励四大路径，将红色基因融入学生品格培育，培养兼具浩然正气与铁军风骨的新时代少年。

关键词　铁军精神　养正教育　校本实践　德育创新

在全球化与信息化交织的时代背景下，青少年的价值观面临多元文化冲击。习近平总书记强调"革命传统教育要从娃娃抓起"，为新时代学校德育工作指明了方向。新四军作为盐城红色文化的标志性符号，其铸就的铁军精神历经岁月淬炼仍熠熠生辉，革命战士的英雄事迹中蕴含着丰富的红色资源和优秀传统品质，与当代小学追求的德育目标契合度高。[1]盐城市腾飞路小学（以下简称"腾小"）紧贴红色基因赋能德育的时代命题，立足地域资源优势，探索铁军精神与养正少年培育深度融合的实践路径，有效促进学生红色文化底蕴与核心素养共生发展。

一、铁军精神涵育养正少年的现实背景

养正少年在铁军精神的熏陶下，正展现出独特的成长风貌。当嘹亮的国歌响彻校园，他们挺立的身姿诠释着民族自豪感的自然觉醒；在"梦想启航墙"前驻足沉思，革命先辈"匹夫有责"的担当情怀已悄然在他们心中播撒新绿。这种精神传承更外化为鲜活实践：高年级"小铁军"牵手低年级伙伴开展队列训练，用"传帮带"传统重塑校园互助生态；在红色研学途中，学生自发组建"战地服务队"，在实践中体悟"同甘共苦"的集体真谛。值得关注的是，在学生的成长坐标系中仍存在四重挑战：受到各种信息的影响，价值观模糊，缺乏明确的道德取向；未能充分意识到自己在社会中的公民角色和责任，缺乏集体意识和责任担当；不善于与他人共享资源，缺乏团结合作意识和团队精神；面对挫折和困难时容易迷茫、泄气，缺乏坚韧不拔的意志和自强不息的精神。

这些现象启示我们，当学生在成长中汲

取红色文化养分时，更需要教育者为这种成长提供系统的支撑，构建"认知—体验—践行"的完整链条，让爱国主义情怀从感性认知升华为理性认同，使团结互助精神转化为解决现实问题的能力，凭自律自守的品格筑牢规则意识的坚固防线，用坚韧乐观的品质打开更广阔的人生视野，让铁军精神真正成为少年砥砺前行的精神坐标。

二、铁军精神涵育养正少年的内涵要义

养正少年意指"养浩然正气，育品正学生"。腾小地处盐城市盐都区潘黄街道，毗邻盐都革命陈列馆，植根于富含红色基因的文化土壤。"养正"既是对红色基因的深度传承，又是对新时代德育创新的生动诠释，旨在满足新时代少年儿童多层次、多元化的成长需求。在抗日战争中铸就的新四军革命精神，被誉为"铁军精神"。铁军精神如淬火利刃，养正少年似璞玉浑金，二者在腾小的教育熔炉中碰撞出璀璨火花。从"听党指挥的铁的信念"到"志存高远的志向"，从"报国为民的铁的担当"到"心怀家国的情怀"，从"英勇顽强的铁的作风"到"坚韧不拔的意志"，从"执纪严明的铁的纪律"到"自律自强的品格"，有利于广大少先队员形成身份认同、价值认同和行为认同。历史淬炼的铁军精神，正在新时代腾小少年身上熔铸出既传承红色基因又彰显养正气质的独特风貌。

三、铁军精神涵育养正少年的实施路径

（一）文化浸润，共建红色育人营养库

物质文化浸润无声。学校在校内营造"红色环境"，如打造铁军精神主题长廊、开辟铁军记忆研究活动室、创建铁军中队、设立"铁军故事中队角"等立体化场景，使铁军精神可视、可感、可体验；在校外则依托"红色基地"，充分利用新四军纪念馆、泰山庙、新四军重建军部纪念塔、盐都革命陈列馆等校外实践场域，让学生在实地体验中深刻感悟铁军精神。线上开发"红色空间"，借助红色旅游数字联盟平台、铁军精神主题线上场馆等现代科技手段，打破时空限制，为学生提供更加便捷、生动的红色教育体验，通过可视化的呈现，使育人活动产生了立体化效能。[2]

精神文化滋养心脉。铁军精神作为盐城红色基因的核心密码，已深深熔铸进城市文脉，成为养正少年精神成长的历史养分。为契合新时代小学生的成长需求，我们绘制了品格成长图谱：着重培养低年级学生守规明礼的品德，通过列队训练、班规演绎等沉浸式体验，让规则意识在学生心中扎根，从日常点滴中学会自我约束；强化中年级学生的感恩责任意识，开展"红色家书诵读""岗位责任体验"等主题活动，让学生感恩于心、践责于行，在集体生活中学会担当；高年级学生以拼搏创新为指引，组建"少年铁军科创营"，通过红色文化创客项目、"铁军精神"研学挑战等体验式创新实践，在探索中锤炼坚韧不拔的勇气和毅力，让红色基因化作滋养生命的精神钙质。通过品格成长图谱，学生实现从个人行为到集体意识的升华，从外在行动到内在精神的递进，让品格在成长中螺旋上升。

制度文化铸就品牌。制定《铁军文化育人环境建设标准》，规范物质文化建设；编写《"养正少年"品格涵养手册》，细化行为准则；出台《"小铁军中队"建设方案》，明确团队发展路径。形成覆盖环境浸润、个体成长、集体建设的制度网络。创新"双导师"育人机制，聘请新四军后代、党史研究专家组建校外导师团，与校内教师协同开发"铁军精神十六讲"校本课程，实现红色基因传承的专业化、课程化转型。建立"自主申报—风采展示—竞选演讲—综合评审—荣耀授牌"的五阶评选机制，遴选出各年级的"小铁军中队"，增强全体队员的荣誉感和责任意识。实施"小铁军讲解员"星级认证制度，让每个养正少年都成为"铁军精神"的传播者与实践者。在此过程中，学生真正将"铁军精神"内化为成长基因，立志成为有信念、勇担当、强本领、守纪律的新时代铁军传人。

（二）课程涵养，共筑课堂德育主阵地

国家基础课程渗透。以国家基础课程各学科作为涵育的主课堂，深度挖掘教材中的红色素材融入教学，构建起跨学科协同育人的红色教育生态。语文学科开发《红色记忆里的盐城》拓展教材，开展红色家书诵读、英雄诗词品鉴等活动，举办"红色经典诵读比赛""革命故事分享会"，让学生在文学中感受革命先辈精神，传承红色基因。数学学科设计《战役中的统计学》项目化学习，学生在计算弹药消耗、分析行军路线时，培养数学思维，体会革命战争的智慧与艰辛。道德与法治学科开展"铁军精神与法治观念"融合教学，探讨革命纪律对现代法治的启示，增强学生的法治观念和规则意识。体育学科融入红色元素，开展"重走长征路"体能训练等活动，锤炼学生的意志品质。各学科还借助多媒体、虚拟现实等技术，让红色教育更加生动鲜活，实现知识传授与价值引领的有机统一。

地方优秀教材融入。推动地方优秀教材成为红色教育涵育的重要分课堂，打造具有地域特色的红色文化育人体系。学校深度整合《初心永恒：江苏四种革命精神简明读本》《新四军在盐城》《盐都红色记忆群英谱》等省市级教材，精心设计"铁军精神"主题单元教学，将地方革命历史与课堂教学深度融合。在教学过程中，引领学生深入解读本土革命历史，剖析其中蕴含的精神内涵，让家乡红色记忆可触可感。同步建立"铁军文化"资源库，收录革命文物影像400余件，整理老兵口述史30余小时，构建起"文字＋实物＋声像"的立体教材群，使红色教育突破课本局限，实现从课堂到实践的延伸拓展。通过地方优秀教材的融入和资源库的建设，让红色基因真正融入学生血脉，成为滋养精神成长的深厚土壤。

学校特色读本探索。学校积极探索特色读本开发，精心编撰了近十本校本读物，为红色教育注入新活力，构建起多层次、立体化的红色文化育人矩阵。《腾小娃学党史》涵盖党的历史、铁军记忆、盐城革命三大篇章，以儿童视角讲述红色故事；《铁军魂·永恒的丰碑》则让学生走进铁军征程，走近新四军，去了解新四军的

光辉历程，去品读刘老庄战役和许晴等新四军革命先烈的英雄事迹，感受革命精神的永恒价值；《英烈家书诵读》收录了烽火岁月、抗战烽火、黎明前夜等近百封英烈家书，以书信为载体传递家国情怀；《红色剪纸》则将剪纸艺术与党的历史、革命精神相结合，通过剪纸作品勾勒英雄伟岸的轮廓，讲述党的光辉历程、英雄故事，实现非遗技艺与红色教育的创新融合。此外，学校还开发了《小铁军成长记》礼仪读本，通过庄重的仪式教育，强化学生的红色记忆和责任担当。

（三）活动锤炼，共制红色教育催化剂

研学实践开发"三点一线"红色研学圈。以新四军纪念馆为核心点，开展"文物里的铁军精神"探究学习；以盐都革命陈列馆为延伸点，组织"红色记忆寻访"实践活动；以潘黄烈士陵园为情感触发点，举行"祭英烈·传薪火"主题教育。串联新四军重建军部纪念塔、泰山庙新四军重建军部旧址、鲁艺华中分院旧址、新四军纪念广场等红色地标，精心设计"烽火盐阜""智勇铁军"等主题研学线路，开发"研学护照"，设置"寻访铁军密码"任务卡，配套"红色地图打卡"激励机制，让养正少年用步伐丈量红色热土，用心灵感悟革命精神，将红色基因内化为行动的力量，外化为成长路上的精神坐标。

仪式教育创新"四礼四仪"制度。入学礼以红色文化浸润童心，校党总支书记开启以"弘扬铁军精神 培育养正少年"为主题的思政第一课，引领学生感悟先辈精神，全体齐唱《红星闪闪》，在国旗下宣读誓词，做出"强国有我"的庄严承诺。入队礼上，新队员参观红色纪念馆，听铁军故事、唱《新四军军歌》，新老队员进行旗帜交接，让红色火种在心中燃烧。成长礼结合"重走长征路"体验，模拟"四渡赤水""飞夺泸定桥"等场景，领悟长征精神。毕业礼举行"红色基因传承"项目答辩，学生以情景剧、微纪录片等形式展示传承成果。沉浸式仪式教育，让养正少年在成长关键节点接受红色精神洗礼，构建起贯穿六年的红色育人脉络，为未来的发展注入永不褪色的精神底色。

社团活动培育"小铁军"特色品牌。在原有社团活动中增设与"铁军"紧密相关的体能训练与战术演练并重的军事训练营，历史回响与时代强音共融的红色讲解团，实劳与巧创相结合的青禾农创社，传统与科技交织的铁科联盟等项目。同时还开设专注深度探索的小铁军研究社，深度挖掘"铁军精神"内涵，通过丰富多样的活动形式，让社团成员在实践中感悟铁军精神。我们还借助50多个社团，实施"十百千计划"，即每年精心策划并举办以"盐城红·铁军魂"为主题的10场社团展示活动，着重培养100名社团骨干，创作1000件红色作品，进一步擦亮"小铁军"特色品牌，全方位锻造具有铁军气质的养正少年。

（四）评价激励，共创红色涵育助推器

以可视化标准落地，依据学生的学段特点、性别与个性差异等因素，涵盖理想信念、责任担当、团结协作、抗压耐挫等内容，从知识识记、行为实践、素养内化等方面研制《铁军·养正少年综合评价表（低、中、高）》。在此基础上，我们进一步创新评价方式，构建"三方协同"评价机制，即组建由少先队辅导员、党史专家以及家长代表共同参与的评价委员会；实施"成长树"可视化评价，通过电子树形图展示学生红色素养发展情况；建立"星级勋章"激励制度，设立"铁军传承章""红色宣讲章""志愿服务章"等特色奖章。

以典型化榜样引领，结合争章活动开展"铁军精神代言人"评选。评选设班级"养正·周榜样"、年级"养正·月先锋"及校级"养正·学期之星"。通过班级铁军角、养正吧，年级风采长廊、荣誉墙，学校的红领巾广播站和微信公众号等阵地，广泛展播养正少年个人事迹，同时，组织榜样事迹分享会、"我身边的'小铁军'"主题班会等活动，借此激励少先队员以榜样为镜，见贤思齐，营造浓厚的学榜样、树典型的氛围。

四、结语

潮平两岸阔，风正一帆悬。腾小的"铁军精神涵育养正少年的校本实践"自实施以来，有效推进了学校德育和学生品格提升，取得了显著的成效。"铁军精神涵育养正少年的校本实践"在江苏省中小学生品格提升工程项目评选中成功立项，并多次被地方媒体宣传报道，2个中队获评盐城市优秀中队，多名学生获评"新时代江苏好少年""江苏好少年""盐城市优秀少先队员"。未来，我们将继续秉持教育初心，持续深化铁军精神的育人内涵，努力培养出更多兼具浩然正气与铁军风骨的新时代好少年。

【作者简介】葛秀兰，女，江苏省盐城市腾飞路小学党总支书记、校长，正高级教师，江苏省特级教师，盐城市名校长。

参考文献

［1］ 王杨钧.弘扬铁军精神塑造坚毅品格——谈学校"红色"德育新模式的构建途径［J].教育观察，2020，9（3）：106，122.

［2］ 陆亚萍.借力信息技术　传承红色基因——少年新四军军校落实立德树人实践探索［J].中国信息技术教育，2022（19）：12—13.

影响小学生学力的归因及对策研究

◎ 俞万军 / 江苏省仪征市真州小学

郑　巍 / 江苏省仪征市育才小学北区校

摘　要　新时代教育背景下，为贯彻落实习近平总书记以"大先生"凝铸"未来师魂"的理念，本文站在学生发展的高度，引领县域小学教育的先驱力量，从心理学的角度调查分析小学生学力的影响源，深入归因研究，探索激发学习动力的两大途径，探讨增强学习毅力的三大方法，探究提升学习能力的"五学""五力"策略，立德树人，提升学力。

关键词　小学生　学力研究　成长　学习策略

"现代管理学之父"彼得·德鲁克认为，现代社会需要的学力培养不在于习得内容，而在于习得能力。在教育改革不断发展的今天，学力指学生作为学习主体在学校内外的学习过程中，基于学习动力和毅力获得的诸如自主力、合作力、深思力、表达力和创造力等各种能力的总称。新时代，教育向发展型、大学习、智能化转变，教师角色亟随社会转型重构。小学是学力生长的关键期，当下小学生因兴趣不足、动机不明、独立性欠缺带来学习波动性大、持久性弱等一些问题。基于上述考虑，我们甄选 40 个学力影响源进行调研，厘清干扰因素，从动力、毅力等心理学角度研究提升学力的策略，努力让枯燥的"教"室变成生动活泼的"学"堂，帮助学生获得适应社会需要和终身发展的学力。

一、归因分析

学力的三大支柱是学习动力、学习毅力和学习能力。"学"是"力"的途径，"力"是"学"的支撑，因学得力，循力助学，才能在学习的道路上走得更稳、更远。

（一）学习动力的影响源

通过对城区、乡镇 5 所小学 366 名学生抽样调查发现，学习动力问题表现为学生兴趣不够浓厚、动机不够明确等。基于心理学强化动机理论，寻找学习动力的影响源如下：

1. 兴趣影响学习动力

兴趣是指内在拥有某一活动的趋向。其形成可以分为有趣、乐趣、志趣三个阶段。有趣是初始阶段，源于新奇的表面现象吸引而产生的直接兴趣，持续时间短；乐趣是中级阶段，是在有趣基础上形成具有探究层次的阶段，持续时间长；志趣是高级阶段，通常伴随远大的理想和目标，推进终身学习。兴趣是激发学习动力的最直接因素。

2. 动机影响学习动力

学习动机是各种动力因素组成的复合体，分为内部动机和外部动机。"城乡小学生学力现状"调查结果表明，以外部动机展开学习活动的人数要多于内部学习动机。积极的语言评价等会激发学生的外部动机，产生一定学习动力，将"要我学"内化为"我要学"。

（二）学习毅力的影响源

美国心理学家特瑞斯曼的衰减理论指出，良好的学习毅力并非与生俱来，需要在学习活动中慢慢培养注意力和意志力。

1. 注意力影响学习毅力

抽样调查发现，课堂上学生的注意力水平越集中，学习效率就越高，从而有效增强学习毅力。注意力不集中会影响学习效率和成绩，进而导致意志力薄弱，直至影响学生的言行和社交。

2. 意志力影响学习毅力

在非智力因素中，意志是影响学习最大的因素，也是人一生中最难培养的品质之一。"意志品质的形成过程包括学习决心、学习信心和学习恒心，影响因素是遗传、家庭环境、学校教育和学习者本身的性格差异。"新时代，小学生的坚韧性、果断性略显不足，自制力欠缺，需要在困难和挫折中反复锤炼。

（三）学习能力的影响源

小学生学习能力的欠缺主要表现在思维力和想象力两个方面。

1. 思维力影响学习能力

素质教育的本质是发展学生的智力和培养学生的能力。思维力是学习的核心引擎，好似大脑的"导航仪"，决定了孩子未来学习能否顺利。思维力不强，首先表现为不能准确理解问题，其次难以找到解决的方法，最终影响未来发展。长期学习拖沓，系统知识出现断裂，就会丧失信心，思维日趋僵化，学习效率低下，直至跟不上全班同学的步伐。

2. 想象力影响学习能力

想象力是人们利用记忆表象创造出新的念头或画面的能力。有再造性想象和创造性想象，前者是学生理解教材知识的必要条件，后者是学生解决实际问题和进行创造性学习的基础。着力培养学生想象力，可以更好地激发学习的兴趣和好奇心，超越现实限制，拓宽眼界，催生解决问题的原创方法，调节情绪，缓解压力，走出舒适区域，应对更多的不确定性，探索未知领域，推动创新发展。

二、对策研究

学力课堂是以提升学生学力为要义的课堂，重在探索激发学习动力的途径、探讨增强学习毅力的方法、探究提升学习能力的策略。学生发展智力、培养习惯、提升能力的黄金期[1]在小学，一旦形成较强学力，将为日后顺利完成学业乃至终身学习奠定扎实基础。

（一）侧重两个方面，探索激发学习动力的途径

有良好的学习动力陪伴，学生的学习情绪高涨，学习效率自然不会差。因此，有必要从激发学习兴趣和动机两个途径增强动力。

1. 途径一：激发兴趣

从孔子的"知之者，不如好之者"到爱因斯坦的"兴趣是最好的老师"以及陶行知的"学生有了兴味，就肯用全副精神去做事体"等，无不说明了激趣的重要性。

以课堂导入润心，激发学习欲望。小学课堂的激趣导入方法有很多，如谈话法、情景导入法、故事导入法等。特级教师教学《循环小数》一课，先让学生看一张钓鱼岛的图片，配上字幕"钓鱼岛是中国的"，接着抛出问题："如果一直重复说这句话，那么第85个字是哪个？"这种有趣的导入，顷刻间让学生兴趣盎然。

以专业发展辐射，放大素养效应。有的学生喜欢语文老师，有的学生喜欢数学老师，还有的学生喜欢体育老师。这说明，教师的专业素养一旦征服了学生，他们就会带着崇拜的心理学习这门课程。因此，教师要以扎实的专业知识、精湛的教学技能、良好的职业道德以及先进的教育理念影响和带动学生。

以作业评价赋能，增强学习热情。所有学生都想在老师心目中占有"一席之地"，得到认可或表扬。因此，新时代教师要学会发挥反弹琵琶效应，为他们的作业写上激励性语言或画上弘扬正能量的符号，增进情感交流，以评价赋能。

2. 途径二：激发动机

学习动机有很多，包括内部动机和外部动机、直接动机和间接动机等。积极向上的学习动机有助于调节学生的学习状态，产生非同寻常的效果。

学会引导积极倾向，激发内在学习动机。韦纳的归因理论指出，合理的归因倾向有助于学生的学习，反之则产生不良影响。小学生年龄小，在自我归因上考虑得不可能全面，这时就需要教师"登场"，帮助学生从失败中找出原因，对症下药，激发内驱力，朝着积极的方向引领。

学会巧设课堂问题，挖掘内在学习动机。课堂上，贴近生活的情景是催生学生内在学习动机的最佳时机。如教学《圆的认识》一课，教师提出一连串设问："同学们，你们知道汽车轮胎是什么形状吗？""如果把它改成长方形或三角形，可以吗？""如果改成椭圆形，行不行？""为什么椭圆不行，圆却可以呢？"这一连串设问激发学生学习动机，引发思考，深入探究。

学会锁定学习目标，培养内在学习动机。和小学生谈目标，不妨采用"学习单"的形式锁定学习目标，步步为营，螺旋上升。目标实现，就用"√"标记，高效快捷则赋予"☆"，让学生在成就感的积累中增强自信。

（二）抓实三个利用，探讨增强学习毅力的方法

调查结果显示，约74.63%的小学生学习毅力不够坚定，遇到困难容易选择放弃，缺乏信心和决心。其实，学习毅力可以通过后天努力慢慢培养。

1. 利用三时段，培养学习习惯

良好的学习习惯不但能激发学生学习的积极性，还可以锻炼学生的学习毅力，提高学生的学习能力，有助于学生形成创新意识。

课前养成预学习惯。调查发现，一些

学生根本没有预学的习惯和意识，或者说预学了，仅是完成教师的任务而已。江苏南通"预学单"的做法表明，具备良好预学习惯的学生，不但学习轻松，而且效果理想。

课中养成听讲习惯。教师不妨把课文编创成故事讲给学生听，或者用动画呈现过程性教学，或把枯燥的练习改编成闯关游戏，让学生没有分散注意力的机会，慢慢养成专心听讲的习惯。

课后养成复习习惯。调查"每天课后都会及时复习所学的课程"时，89.77%的小学生勾选"有时符合"，表现为复习习惯的缺失。针对这种状况，一要明确复习内容、检查时间和要求；二要树立榜样，实行奖励，以点带面，逐步培养课后复习的习惯。对于"待提高生"，发现完成一次课后复习任务，立即当众表扬，现场录入"成长记录袋"，激励所有学生。

2. 利用好胜心，磨炼学习毅力

每个学生都希望得到教师的认可或赞许。作为教师，要学会顺应学生的好胜心，让他们在积极的学习状态下，产生事半功倍的效果。比如开展"手抄报展评""智力大冲浪""一站到底看谁赢""七巧板比拼赛"等活动，为学生提供展示的机会，磨炼学习毅力。

3. 利用好动性，满足表现欲望

"好动生"性格活泼、头脑灵活，常常喜欢用各种"小动作""俏皮话"吸引教师和同学的注意，课后也喜欢闹腾。既然如此，不妨就投其所好，满足他们的表现欲，在课堂提问、班级活动、校运会时给予其展示机会，以足够的耐心感化他们，实现"好动生"向"好学生"的转化。

（三）强调"五学""五力"，探究提升学习能力的策略

"五学"是指预学、互学、导学、展学、活学，"五力"是指自主力、合作力、深思力、表达力和创造力。[2]"五学"是一定程序的教学过程，"五力"是学生获得的学习能力。重点关注课堂问题与活动，以预学感知学案、互学交流学情、导学意义学明、展学合力学研、活学实践学用，让学生的自主力在预学中生根，合作力在互学中提升，深思力在导学中发展，表达力在展学中开花，创造力在活学中结果。

1. 启动预学策略，让自主力生根

引导学生提前进行知识储备，感知学案，有准备、有目的地开展自学活动，为课堂学习奠定基础。有效预学，可以提高听课效率，培养自学能力，提升学业成绩。

2. 倡导互学策略，让合作力提升

有序组织课堂上两人以上的小组合作，做到有展示、有评价。提倡学生之间锁定核心问题，交流学情，相互学习，取长补短，提升合作力，共同提高。[3]

3. 运用导学策略，让深思力发展

导学强调学生在教师指导下渐进自主地学习，改变以"主导"代替"主体"的课堂教学现状。[4]

一是开展有效自学，完成学习检验，确保每个学生因自学收获不同程度的喜悦。二是注重精讲互动，把知识获得推向更高层级。三是组织当堂训练，及时评价学习效果，减轻学业负担。四是重视总结拓展，把学生获取的零散知识条理化、系统化，

拓展高阶思维，提升深思力。

4. 落实展学策略，让表达力开花

展示问题、过程和成果，促进学习。如果说学生的表达是一颗颗珍珠，那么教师就是串起珍珠的线，帮助学生将获得的具体、个别、碎片、表象的认识上升为抽象、普遍、联系、本质的认知，形成纵横交错而又高度分化的精准表达。

5. 推进活学策略，让创造力结果

活学即学生通过实践学用，主动架构知识体系，积累方法经验，达到灵动解决问题的境界。江苏省特级教师丁宏喜在其《以"五学"涵育"五力"的课堂教学探究》中倡导"创造力：在活学中提升"，并将高阶学习称为"活学"。

活学推动创新。孔子说："学而不思则罔，思而不学则殆。"新时代，"人工智能＋"引领了技术创新，推动教育转型和发展。智能学习平台不仅可以根据个体的学习进度和薄弱环节量身定制学习计划，实现个性化教学，满足不同学生的学习需求，而且还能辅助教师进行评估，减轻教师的工作负担，提高教学质量，萌发创新意识。

活学推动创造。学习的本质是知行合一、循环迭代、创造价值。每个学生的创造力理应得到保护和培养，每位教师也应本着"为创造而教，为创造而学"的原则，引领学生在预学、互学、导学、展学中获取知识，在知识的融通互动中形成技能和经验，达到活学境界，构建知识网络，激活创造力。[本文系扬州市教育科学"十三五"规划课题"城乡小学生学力的现状调查及归因研究"（编号：2020/P/148）的研究成果。]

【作者简介】俞万军，男，江苏省仪征市真州小学教科室主任，一级教师；郑巍，男，江苏省仪征市育才小学北区校校长，一级教师。

参考文献

［1］陶玲.基于小学数学单元整体教学提高学生学习能力［J］.小学生（中旬刊），2024（11）：124—126.

［2］丁宏喜.以"五学"涵育"五力"的课堂教学探究［J］.教育研究与评论（小学教育教学），2021（12）：27—31.

［3］陈玲.小学数学探究式学习环境下学生自主学习能力培养的策略与实践［J］.数学之友，2024（24）：87—88，90.

［4］郑寿宝.核心素养视角下数学学习品质的内涵、特征及价值探析［J］.小学教学研究，2024（21）：29—31.

翻转课堂

——关于教学方法的探索与创新之十九

◎ 周成平 / 江苏第二师范学院

什么是翻转课堂？为什么叫作翻转课堂？这得从传统课堂说起。大家都知道，一般情况下，传统课堂都是教师教学在先，学生学习在后，先教后学是其主要特征。而翻转课堂则恰恰相反。今天的翻转课堂一切都颠倒了过来，学生学习在先，教师教学在后，整个教与学的程序都发生了根本性的改变。传统课堂是一种"教—学"模式，而翻转课堂则以"学—教"为突出特征。

难怪翻转课堂的英文是"Flipped Classroom"或"Inverted Classroom"。相较于传统课堂，今天的翻转课堂的确是一种"颠倒的课堂"。它重新调整了课堂内外的时间，将学习的决定权从教师移交给学生。在传统课堂上，教师往往总是集中传授新知，学生在课后独自完成练习、复习、巩固和掌握知识。而在翻转课堂上，学生可以在课前通过看视频、听播客及浏览各类电子资料进行有针对性的学习，课上教师根据每个学生学习的实际情况进行有效的指点与辅导，最终帮助学生达成学习目标。

翻转课堂与可汗学院盛行的学习法有着直接的联系。萨尔曼·可汗制作的学习视频打破了学校传统授课制的陈规，把一门课程的知识体系分成若干个较小的段落，再将它们依次拍成可供学习者学习的视频，每段视频时长为10分钟左右，由此形成了碎片化的特点，以方便学习者的学习。此外，美国科罗拉多州伍德兰帕克高中的化学老师乔纳森·伯格曼和阿龙·萨姆斯于2007年开始使用视频软件录制PPT并附上语音讲解。最初他们将录制的视频上传到网上，以此为缺席的学生补课。不久他们进行了更具开创性的尝试——让学生在家看视频、听讲解；在课堂上，教师主要进行辅导答疑，或者对有困难的学生提供个性化帮助。由此，翻转课堂在美国逐步得到推广和普及。

进入新世纪以后，我国不少中小学对翻转课堂亦有诸多探索与尝试。山东省昌乐第一中学、重庆市聚奎中学校、江苏省徐州市沛县曙光小学等都是这方面成功的范例。

翻转课堂作为一种崭新的教学范式，其主要特点有：

一是学生课前自学。翻转课堂是一种典型的"学—教"模式，即学生课前自学在先。学生在课前根据教师制作并提供的各种微视频以及与学习内容相关的网络学习资源开展自主学习活动，地点一般是在家中。这样，原先要在课堂上学习的内容就被前移了，原来的集中学习变为分散的个体自学，课堂也由学校转移到了家中，教师系统的新知讲授也变成了观看视频。于是，人们头脑中固有的传统课堂概念被彻底地"颠倒"了。

二是教师课上辅导。到了课堂上，教师的教学同样也发生了重大变化，即由过去的集中统一讲授变成了基于学生自学基础上的辅导教学，特别是有针对性的个别辅导。教师在巡查学生的学习状况之后，可以及时发现学生学习的差异及其他个别情况，从而实施针对性的辅导教学，切实有效地帮助那些最需要指导、帮助的学生。由此可见，翻转课堂"学—教"模式并不是传统课堂"教—学"模式的简单颠倒，"学—教"模式中的"教"已大大不同于"教—学"模式中的"教"，更加突出了教学过程中的差异化和精准性，把因材施

教真正落到了实处。

三是创新学习流程。从传统课堂的"教—学"到翻转课堂的"学—教"，自古而然的学习流程被重新改写了。教师不再仅仅是知识的搬运工和传播者，学生也不再被当作装载知识的容器。可以毫不夸张地说，翻转课堂的突出特点就是创新了学习的流程，从而更有效地激发学生学习的自主性和主动性，学生的学习规律、知识的接受规律和记忆巩固规律等都得到充分的尊重并真正地落实到位。

综上所述，翻转课堂与可汗教学法一样，都是借助现代信息技术在 21 世纪应运而生并产生重大影响的课堂教学范式。它们创新了中小学课堂的教法和学法，并在推动学习的革命方面做出了积极而有益的探索与贡献。

【作者简介】周成平，男，江苏第二师范学院教授。

基于语言建构与运用的初中古诗词教学路径研究

——以《木兰诗》教学为例

◎ 唐志国 / 江苏省丹阳市正则初级中学

摘 要 初中古诗词教学要基于语言建构与运用素养的培养，改变传统的知识传授型和机械记忆型教学，在课堂教学中加强朗读教学，建构真实的语言运用情境，并在情境中设计适合初中生年龄特点的语言实践活动，让学生真正参与语文课堂，在活动中培养学生的语言运用能力，建构学生的语言运用体系，提升学生的语文学科核心素养。

关键词 语言建构与运用 初中语文 古诗词教学

古诗词是中华文化的瑰宝，在初中语文教学中占据非常重要的地位。然而，传统的古诗词教学往往侧重知识传授和机械记忆，许多教师仍采用"讲解—背诵—默写"的传统教学模式，过分强调字词解释和翻译，强调对诗词的分析和解读，忽视了古诗词的语言美和意境美，忽视了学生语言能力的培养。随着新课程改革的不断深入，语言建构与运用素养的提出为古诗词教学提供了新的方向。语言建构与运用素养是语文学科核心素养的重要组成部分，它强调学生在语言实践中积累、梳理和整合语言材料，形成个体语言经验，并能在具体情境中有效运用。

一、在诵读中感知语言，体会音韵之美

学生对古诗词语言的感知能力可以通过大量阅读来获取，在阅读中感悟古代汉语的博大精深。在古诗词教学中，教师要进行充分的朗读教学，通过多种形式的诵读活动，如教师范读、学生个读、齐读、配乐朗诵等，引导学生感受古诗词的韵律美和节奏美，在潜移默化中对古诗词产生语感，从而增强对古诗词的感悟能力。语言大师吕叔湘先生曾指出：语文教学的首要任务是培养学生各方面的语感。

以《木兰诗》为例，课堂上可以让学生先自由朗读全诗，开展第一次集中朗读，重点是读准字音。针对五言体乐府诗的特

点，指导学生按照"二／三"的格式为该诗划分节奏并进行第二次集中朗读，重点是注意停顿和韵律。例如："唧唧／复唧唧，木兰／当户织。不闻／机杼声，唯闻／女叹息。"指导学生在朗读时可以稍微拉长或加重押韵的字，增强音乐感。在了解诗歌大意的基础上，教师可以引导学生进行第三次集中诵读，重点引导学生揣摩诗歌的情感表达。教师可依据如下方法指导学生朗读，揣摩情感表达：

木兰忧思：语气应带有忧虑和沉思，语速稍慢，表现出木兰内心的挣扎。

从军准备：语气坚定，语速加快，表现出木兰的决心和行动力。

战场生活：语气豪迈，声音洪亮，表现出木兰的英勇和战场的气势。

凯旋：语气轻松愉快，语速适中，表现出木兰的喜悦和对家庭的思念。

揭示身份：语气幽默，带有一丝调皮，表现出木兰的机智和战友们的惊讶。

二、建构真实语用情境，发展语文素养

《义务教育语文课程标准（2022年版）》指出，"义务教育语文课程培养的核心素养，是学生在积极的语文实践活动中积累、建构并在真实的语言运用情境中表现出来的"。不是所有的情境都能称得上是"真实的语言运用情境"，那些不能在现实生活中具体实施的、缺少可行性的情境就不是"真实的语言运用情境"。在教学过程中，教师应该精心设计与学生实际生活紧密相连的语言运用情境，模拟真实的生活场景、情感氛围以及人物关系等，让学生身临其境地感受语言的魅力并提升语言运用能力。在课堂教学中，教师要精选那些真正贴近学生实际生活、能够激发学生兴趣的情境，以确保能真正提升学生的语言运用能力。

为了进一步理解课文主题和花木兰形象，教师设计了这样一个情境：

今年的三八妇女节学校要求各班出一期以介绍古代优秀女性为主题的黑板报，你们班选择了花木兰作为介绍对象，请协助宣传委员完成材料的收集工作。

这样一个情境看似老套，但是它涵盖版面设计、文本内容、插图漫画、装饰元素、色彩搭配等多种教学元素，可以设计多种切实可操作的语言实践活动，让学生通过自我实践来积累语文核心素养。

三、组织语言实践活动，提高语用能力

仅仅构建一个真实的语言运用情境还远远不够，它不是教师创设的课堂导入，也不是教师为了解学生掌握情况而设定的题干，它应该是教学的一个环节，需要贯穿整个学习过程。

运用语言是语言建构的结果，同时又能促进语言的进一步建构。就语文课堂教学而言，教师要尽可能减少对文本的大量解读和分析，将更多的时间用于学生的语言实践活动，通过丰富多彩的语言实践活动，让学生真正参与语文课，借助听、说、读、写，积累言语经验，把握语言文字特点和运用规律，从而提升语言文字运用的真实能力。

以《木兰诗》教学为例，教师为教学情境设计了一个配套的任务群：

任务一：宣传委员为本期黑板报设计的第一个板块是"情节我来理"，请你以木兰为主语，概括故事情节。

在概括情节之前，学生需要通读文本，对诗歌的内容进行梳理和概括，在梳理、概括、斟酌用词的过程中，学生的思维能力、概括能力、语言建构能力得到了锻炼。

任务二：本期黑板报设计的第二个板块是"故事他来讲"，你可以从木兰的父母、姐姐、弟弟、同伴、可汗等身份中选择其一，用你的语言重新讲木兰的故事。

此项任务要求学生能够站在不同人的角度，对故事情节进行整理、筛选和再加工，对文本进行重新组织，在此过程中，学生的语言能力得到建构和运用。

任务三：本期黑板报设计的第三个板块是"古诗我来写"，请你和小组同学任选一个故事情节创作一首古诗。

这一任务是本节课的核心环节，《木兰诗》的再创作不仅很好地落实了对课文内容的理解、对木兰形象的分析，更让学生体会创作诗歌的乐趣，感受诗歌文化的魅力。此任务也要求学生掌握一定的古诗创作知识，从而让学生逐渐建构自己的古诗词言语体系。

任务四：本期黑板报设计的第四个板块是"我想对你说"，请你在木兰的父母、姐姐、弟弟、同伴、可汗等身份中选择其一，写下你最想对木兰说的话。

这一环节训练的是学生的语言表达和运用能力，根据人物身份的不同，选择不同的说话方式和内容，着重提升学生的语言建构和运用能力。

通过这四个课堂任务，学生对课文内容有了更深刻的理解，也充分感受到诗歌的文化魅力，学生不断修改、推敲、斟酌的过程就是在不断运用语言的过程，语文核心素养的四个维度（思维能力、审美创造、文化自信、语言运用）都有所体现。最后，教师让学生用自己创作的诗出了一期黑板报，教师的教学设计不仅提高了学生的文学鉴赏水平和成就感，还培养了学生的创新思维和表达能力，为学生的终身学习和发展奠定了坚实的基础。

总之，基于语言建构与运用的初中古诗词教学，要注重引导学生感知语言、品味语言、运用语言，在学习中建构，在建构中运用，在运用中进一步建构。学生在语言实践活动中既提升了自身的语言素养，也传承了中华优秀传统文化。

[本文系江苏省规划课题"基于语言建构与运用的初中语文课程实践研究"（编号：D2021/02/450）的阶段性研究成果。]

【作者简介】唐志国，男，江苏省丹阳市正则初级中学书记、校长，高级教师。

"三新"背景下读后续写在高一英语教学中的实施

◎ 许秀红 / 江苏省东台市第一中学

摘　要　在"三新"背景下，高中英语教学面临着新的机遇与挑战。在高一英语教学中实施读后续写，不仅符合新课标的要求，契合高一学生英语学习的特点，还可以引领学生在英语学习中整合语言知识，构建完善的语言知识体系，走向深度学习。基于此，本文分析了读后续写在高一英语教学中实施的意义，并针对读后续写在英语教学中的实施提出了几点建议，旨在最大限度地彰显读后续写的教学功能与价值，帮助高一学生攻克英语读写学习的难题。

关键词　读后续写　高中英语教学　深度学习

《普通高中英语课程标准（2017年版2020年修订）》指出，英语课程应构建多元课堂结构，以核心素养的培育为目标，以语篇为依托，帮助学生获得语言能力的发展。新课标强调以核心素养为导向，促进学生在语言能力、文化意识、思维品质和学习能力等方面的综合发展；新教材也更加注重语篇的多样性和实用性，为读后续写教学提供了丰富的素材和广阔的空间；新高考则更加注重学生的语言运用能力和思维能力。读后续写作为一种有效的教学模式，能很好地满足新课标、新教材和新高考的要求。因此，研究读后续写在高一英语教学中的实施具有重要的价值。

一、在高一英语教学中实施读后续写的意义

（一）强化语言运用能力

在"三新"背景下，高中英语教学对学生的语言运用能力提出了更高要求。与初中阶段相比，高一学生面临的英语读写难度显著提升，写作思维也须进一步发展。高一学生在思维能力上有了显著进步，例如能够在阅读中理清人物关系和因果关系，并在写作中表现出更缜密、连贯的逻辑。基于这一特点，读后续写教学活动尤为契合高一学生的学习需求。通过续写，学生能够使所写内容符合原故事的人物特征和情节发展逻辑，在阅读能力与写作能力上

实现双重提升，有效强化语言运用能力。读后续写改变了传统单一的语言训练模式，促使学生深入分析文本内容，激发学生的表达欲望。续写引领学生运用自己的语言续写故事，获得阅读与写作能力的训练，对强化学生的语用能力起到了重要的作用。[1]

（二）发展综合思维能力

新课标明确要求学生在英语学习中具备信息梳理与概括能力，主动建构新概念，并形成读与写的逻辑辩证思维。读后续写作为一种创新的教学模式，能够有效助力学生在从读到写的过渡中实现创造性表达。教师通过引导学生结合阅读素材续写故事，一方面为学生提供明确的写作方向，另一方面促使学生在寻找读与续写之间的逻辑关系时锻炼逻辑思考能力。为了使续写内容更加丰富，学生要学会主动拓展思维，从而促进创新思维和创造力的发展。

（三）助力深度学习发生

在"三新"背景下，读后续写教学活动不仅是提升学生阅读能力与写作能力的手段，更是引领学生重新认识英语学习本质的重要途径。通过读后续写，学生能够深刻意识到英语学科中的阅读与写作并非完全分离的两个板块，而是相互关联、相互促进的有机整体。探索读后续写的方法，既是学生语言输入与语言输出的学习，也是学生分析问题、解决问题的过程。[2]读后续写打破了传统学习框架，引导学生从特定的理解和思维方向出发，探索读后续写的方法，这与新课标对深度学习的要求高度契合。在读后续写时，学生需要从跨文化视角对语篇内容进行分析与理解，理清语篇故事的前因后果，抓住关键信息，并正确解读作者的创作意图和语篇的情感色彩。在此基础上，学生需要根据自己的理解，在不改变原作者创作意图、语篇情感色彩以及符合原语篇逻辑的前提下，进一步拓展和延伸语篇内容，凸显语篇的主题意义。在此过程中，学生对语篇的理解更加深入，写作时需要考虑的因素也更加全面，学生逐渐从浅层学习走向深度学习，实现高质量发展。

二、在高一英语教学中实施读后续写的有效策略

（一）选择恰当的阅读材料，激发写作欲望

在"三新"背景下，读后续写教学的核心在于通过读为写提供基础和灵感，因此阅读材料的选择至关重要。教师须灵活运用教材，结合学生的认知水平和兴趣，选择能够引发学生写作欲望的语篇内容。并非所有语篇都适合作为续写材料，教师应根据读后续写的教学目标，挑选与学生生活密切相关、能激发情感共鸣的文本，让学生从被动学习走向主动学习。[3]

如译林版高中英语必修第一册第四单元"Looking good，feeling good"中的阅读语篇"Teen faints after skipping meals"围绕身体健康与瘦身变美展开，贴近当代青少年的生活实际。高中生正处于青春期，容易受到容貌焦虑和身材焦虑的影响，盲目追求"以瘦为美"，忽视健康。通过阅读这篇文章，学生可以反思自我观念和行为。

为了进一步激发学生的续写欲望，教师可以引入以"A healthy lifestyle"为主题的阅读材料，并利用微课、多媒体技术插入辅助图片，如一名肥胖的男士因身体负担过重无法正常生活，以及一名女士减肥前后的对比照片。这些图片结合语篇内容，能够引发学生对美与健康话题的深入思考，为读后续写创造良好的条件。

（二）掌握重点语言信息，找准续写方向

与常规的写作不同，读后续写要求学生所写的内容与原语言材料高度统一，能够很好地衔接原文，尽量保持原文的语言使用习惯。因此，在学生阅读语篇之前，教师应指导学生有针对性地寻找原文中出现频率较高的词汇、短语和重点句式，帮助学生掌握关键的语言信息，从中确定续写的方向。[4]

以译林版高中英语必修第一册第三单元"Getting along with others"教学为例，本单元围绕"与他人相处"的话题展开，在Reading板块有以"Friendship on the rocks: please advise！"为题的阅读语篇，语篇内容分为三个部分：第一个部分是Amy写的求助信，她讲述了自己与朋友之间的矛盾，起因是她和朋友约好一起去看电影，但是朋友以生病为借口没有赴约。她后来得知朋友那天下午和其他人在咖啡馆里聊天，这让Amy很生气，也让她每天面对着压力，无所适从。第二部分是Cindy给Amy写的信，希望Amy不要因为一件事判断朋友的好坏，可以给朋友一次解释的机会。第三部分是David给Amy写的信，David在信中讲述自己也有类似的经历，那时的他做出的决定是抛弃这份令自己受伤的友谊，并劝慰Amy重新考虑与朋友之间的关系。经过分析课文内容，发现语篇中的关键词有rock、cinema、killing、angry等，作者在描述故事情节的发展时，先后讲述了"成为最好的朋友""双方约定""朋友爽约"等过程，引导学生绘制"故事山"，由此确定续写的故事发展方向，尝试描述Amy和她的朋友接下来发生的事情。

（三）大胆联想多维表述，续写升华主题

在"三新"背景下，读后续写不仅是语言能力的训练，更是思维品质和文化意识的培养。学生在读后续写时往往因缺乏联想和想象力而陷入千篇一律的写作困境。教师应在学生产生续写意愿、找准续写方向的基础上，拓展学生的续写思路，鼓励学生大胆联想，站在不同的视角进行表达，在续写中表达自己独到的见解，借助续写进一步升华语篇主题，让文章内容变得更加个性化、更具特色。[5]

如译林版高中英语必修第二册第三单元"Festivals and customs"的Reading板块以"Alex around the world"为题，介绍了印度婚礼和里约狂欢节，学生通过阅读可以感受到各国文化的差异。但是语篇内容有限，在阅读语篇之后，教师可以鼓励学生从我国或其他国家的众多节日中选择一个进行介绍，要求学生尝试寻找新的续写视角，以续写的方式，进一步丰富语篇的内容，凸显各国文化的差异。此举可以让学生在读后续写中树立文化差异的意识，能够做

到正确地看待文化差异，理解与尊重他国的节日文化，提高对本民族文化的认同与自信，能够运用英语向全世界传播中华优秀传统文化。

三、结语

在"三新"背景下，读后续写作为一种创新的教学模式，对高一学生的英语学习具有显著的推动作用。读后续写教学活动符合高一学生的认知特点和学习需求，能够引领学生在阅读中积累写作素材，通过联想与想象丰富文本内容，升华语篇主题。这一过程不仅提升了学生的读写能力，还增强了他们的文化自信和思维品质。教师应将读后续写巧妙地融入英语课堂教学中，引导学生树立读写结合的学习意识，激发学生的写作欲望，拓展学生的写作思路，在"三新"背景下有效发展学生的语言素养和核心竞争力。

【作者简介】许秀红，女，江苏省东台市第一中学英语教师，一级教师。

参考文献

［1］李东.架教学之"梯"攀续写之"道"——高中英语读后续写的教学策略探究［J］.中学生英语，2024（32）：113—114.

［2］陈峰峰.高中英语教学中学生读后续写能力培养——以人教版必修二 Unit 4 为例［J］.英语画刊（高中版），2024（26）：28—30.

［3］赵蓓.指向深度学习的高中英语读后续写教学实践研究［J］.英语教师，2024，24（19）：146—149.

［4］张林.高中英语课堂上读后续写对学生写作能力的促进作用研究［J］.中学生英语，2024（40）：135—136.

［5］赵春艳.新课改下高中英语读后续写教学探索与实践［J］.中学生英语，2024（40）：29—30.

文化铸魂　以文化人：着力培养拥有"四个自信"的孩子

◎ 谈效艳 / 江苏省淮安市教育局

2023 年全国两会期间，习近平总书记在参加江苏代表团审议时强调，我们的教育要善于从五千年中华传统文化中汲取优秀的东西，真正把青少年培养成为拥有"四个自信"的孩子。在新时代背景下，如何把青少年培养成为拥有"四个自信"的孩子，不仅是教育改革的重要课题，更是教育强国建设的必然要求和应有之义。区域文化是一个地区经过长期历史积淀形成的文化资源和独特精神标识，蕴含着丰富的教育价值和育人功能。以文化人、以文育人，将区域文化优势转化为教育发展的内生动力，不仅能够丰富教育内容，创新教育形式，更能为教育注入独特的文化基因和精神内核，培养时代新人，赋能教育高质量发展。

一、区域文化优势对教育具有重要的促进作用

区域文化与教育发展之间存在着深刻的内在联系。每个地区独特的文化传统、价值观念和思维方式，都会对当地教育理念的形成和发展产生潜移默化的影响，为教育提供精神滋养和价值导向。富有地域特色的红色文化、历史文化、民俗文化、现代文化都可以转化为生动的育人内容，使得教育更加贴近学生的生活实际，增强教育的亲和力和感染力。当前区域文化更加注重创新性发展，而区域文化的创新性发展又为教育提供了新的内容和形式，培养了学生的创新意识和创新能力。区域文化与现代教育具有互融共生的关系，二者相互促进，共同推动着区域经济社会的全面进步和教育的高质量发展。

二、区域文化优势赋能教育的实践路径探索

为深入贯彻落实习近平总书记的重要指示精神，淮安围绕青少年成长的不同阶段和地域文化特色，着力打造"一核双特多辅"的育人体系，坚定培养拥有"四个自信"的孩子。以习近平新时代中国特色社会主义思想为核心，着力构建符合中小学生年龄特点、具有周恩来家乡特质，辅之以淮安红色革命文化、淮扬美食文化、运河开放文化、淮河生态文化、西游创新文化、家乡创富文化等多种育人资源的"一核双特多辅"精品思政育人课程体

系，创新推动全市各级各类学校思政育人内涵式发展。联合宣传部门开展"课程思政 精彩一课"大中小学青年教师思政育人精品课展评活动，扎实推进大中小学思政课一体化建设，力争经过2—3年努力，打造"百门千节思政育人精品课"。淮安汇聚红色文化资源优势，用红色文化铸魂，开辟"访伟人故里，寻红色记忆"等研学线路，打造"行走的思政课堂"。深度挖掘淮扬美食文化资源，全市遴选了24所学校开展淮扬美食文化育人试点工作。举行"淮扬美食小厨王"厨艺展演，促进文化传播和实践体验相结合，让学生亲身参与文化体验和传承活动，在真实情境中感悟文化内涵，构建文化育人的特色路径。

三、区域文化优势赋能学生的核心素养发展

区域文化赋能教育更加注重人的全面发展。通过区域文化教育，不仅要传授知识和技能，更要培养学生的文化自信、家国情怀和人文素养，培养出既有文化根基又有创新能力的时代新人。文化浸润校园，凝练校园文化，打造"一脸三声"美好校园，让校园每个建筑、每棵树、每面墙、每朵花都发挥育人效果，让笑脸绽放在每一个孩子脸上，让校园内充满掌声、笑声、

歌声。文化浸润家庭，在全市教育系统推行"三进三提三知"工作法，通过教干教师进课堂、进家庭、进重点场所，指导百万家庭注重家庭、家教、家风建设，培育家庭新风尚，做强青少年健康成长的家庭支持系统，促进学生了解家乡文化，培养学生文化认同、创新思维、责任担当等核心素养，努力培养堪当民族复兴重任的时代新人。

文化，是教育的灵魂，是滋养青少年成长的沃土。展望未来，区域文化赋能教育将呈现新的发展趋势。在数字化时代，区域文化的传承和教育将更加注重与现代科技的融合。虚拟现实、人工智能等新技术将为文化教育提供更加丰富的手段和平台，使传统文化的呈现方式更加生动多元。区域文化教育将更加注重开放性，在保持文化特色的同时，要加强不同区域文化之间的交流互鉴，培养学生的跨文化理解能力和国际视野。在教育改革的征程中，我们要充分挖掘和利用区域文化资源，着力把青少年培养成为拥有"四个自信"的孩子，为实现中华民族伟大复兴的中国梦贡献教育的力量。

【作者简介】谈效艳，女，江苏省淮安市教育局副局长。